# 生生不息

## 从传统经典名句领悟社会主义核心价值观

《月读》编辑部 编

中华书局

**图书在版编目(CIP)数据**

生生不息:从传统经典名句领悟社会主义核心价值观/《月读》编辑部编. —北京:中华书局,2015.4(2022.10 重印)
ISBN 978-7-101-10854-5

Ⅰ.生… Ⅱ.月… Ⅲ.社会主义建设-价值论-中国-通俗读物 Ⅳ.D616-49

中国版本图书馆 CIP 数据核字(2015)第 062385 号

---

| | |
|---|---|
| **书　　名** | 生生不息——从传统经典名句领悟社会主义核心价值观 |
| **编　　者** | 《月读》编辑部 |
| **责任编辑** | 彭玉珊　吴麒麟 |
| **责任印制** | 管　斌 |
| **出版发行** | 中华书局<br>(北京市丰台区太平桥西里 38 号　100073)<br>http://www.zhbc.com.cn<br>E-mail:zhbc@zhbc.com.cn |
| **印　　刷** | 大厂回族自治县彩虹印刷有限公司 |
| **版　　次** | 2015 年 4 月第 1 版<br>2022 年 10 月第 3 次印刷 |
| **规　　格** | 开本/880×1230 毫米　1/32<br>印张 11½　插页 2　字数 180 千字 |
| **印　　数** | 13001-16000 册 |
| **国际书号** | ISBN 978-7-101-10854-5 |
| **定　　价** | 28.00 元 |

# 出版说明

培育和弘扬社会主义核心价值观是当前我国一项具有全局意义的重要任务。习近平同志指出：我们树立核心价值观，要从传统文化里去找精气神。“中华文明经历了5000多年的历史变迁，但始终一脉相承，积淀着中华民族最深层的精神追求，代表着中华民族独特的精神标识，为中华民族生生不息、发展壮大提供了丰厚滋养。”今天，“中华优秀传统文化已经成为中华民族的基因，植根在中国人内心，潜移默化影响着中国人的思想方式和行为方式。我们提倡和弘扬社会主义核心价值观，必须从中汲取丰富营养，否则就不会有生命力和影响力”。

我国优秀传统经典中有很多朗朗上口的经典名句，如“以百姓之心为心”“物之不齐，物之情也”“和合故能谐”“民无信不立”“志合者，不以山海为远”等等，这些历经沉淀的经典语录，其蕴涵的思想、理念和价值追求，不论过去还是现在，都有其鲜明的民族特色，都有其永不褪色的时代价值，代表着中华民族的基本价值观。社会主义核心价值观正是在吸收中华优秀传统文化丰富营养的基础上逐步发展和完善的，是中华优秀传统文化在现代社会的延续。离开优秀传统文化的滋养，社会主义核心价值观将变成无源之水、无本之木。

为帮助广大读者，尤其是党员领导干部正确认识中华优秀传统文化与社会主义核心价值观的关系，培养文化自信和价值观自信，中华书局《月读》编辑部特别策划组织编写了《生生不息——从传统经典名句领悟社会主义核心价值观》一书。

本书以社会主义核心价值观的12个关键词为纲，分十二类遴选中国古代（截至晚清）名句，注重出自名家名著名篇中便于记诵、文质俱佳的经典名句，注重选择最能代表中国传统思想精华的名句，注重提炼最能体现社会主义核心价值观内涵的名句。古为今用，推陈出新，以传统价值作为基本资源，赋予时代新内涵，真正使“中华优秀传统文化成为涵养社会主义核心价值观的重要源泉”。

本书强调针对性和实用性。针对性体现在每类先就该词（如富强）进行简要概述，然后按朝代顺序摘录名句并逐条解读。解读根据原句内容，或介绍背景情况，或就大意深入阐发，核心是结合社会主义核心价值观该词的内涵进行阐释。实用性体现在一是目录按12个关键词，附所有名句原文，方便查找；二是每条名句均附详细出处，方便核查；三是点明每条名句最适宜使用的场合，方便引用。

培育和践行社会主义核心价值观是一个长期的过程，只有深刻理解核心价值观的内涵，方能内化于心，外化于行。藉由此书，我们愿为广大读者奉上可资参考的常备手册，希望我们的努力可以为宣传和弘扬社会主义核心价值观助力。

本书由精通中华文化、乐于分享知识的专业人士协力完成，感谢他们辛勤而有益的劳动。

《月读》编辑部

2015年4月

# 目录

## 富强

## 民主

## 文明

目录

明难。精神既具，则形质自生；精神不存，则形质无附。然则真文明者，只有精神而已。

## 和谐

## 自由

124 邦有道，则仕；邦无道，则可卷而怀之。

125 举世而誉之而不加劝，举世而非之而不加沮，定乎内外之分，辩乎荣辱之境，斯已矣。

126 鱼相忘乎江湖，人相忘乎道术。

127 心者，形之君也，而神明之主也。

128 唯天下至诚，为能尽其性；能尽其性，则能尽人之性；能尽人之性，则能尽物之性；能尽物之性，则可以赞天地之化育；可以赞天地之化育，则可以与天地参也。

129 采山饮河，所以养性，非以求禄位也；放发优游，所以安己不惧，非以贪天下也。

129 矜尚不存乎心，故能越名教而任自然；情不系于所欲，故能审贵贱而通物情。

130 久在樊笼里，复得返自然。

131 人生贵得适志，何能羁宦数千里以要名爵乎？

132 敬慎不败者，自由也。

133 安能摧眉折腰事权贵，使我不得开心颜？

134 雕笼终不恋，会向故山归。

134 君子安贫，达人知命。

135 拣尽寒枝不肯栖，寂寞沙洲冷。

136 大略如行云流水，初无定质，但常行于所当行，止于所不可不止。

137 向来枉费推移力，此日中流自在行。

138 内无所累，外无所累，自然自在。

138 浮生六十度春秋，无辱无荣尽自由。

139 自得者不累于外物，不累于耳目，不累于造次颠沛，鸢飞鱼跃。

## 平等

## 公正

## 法治

## 爱国

## 敬业

270 虽有天下易生之物也，一日暴之，十日寒之，未有能生者也。

271 天将降大任于斯人也，必先苦其心志，劳其筋骨，饿其体肤，空乏其身，行拂乱其所为。

271 路曼曼其修远兮，吾将上下而求索。

272 骐骥一跃，不能十步；驽马十驾，功在不舍。锲而舍之，朽木不折；锲而不舍，金石可镂。

273 凡百事之成也，必在敬之；其败也，必在慢之。

274 工人数变业则失其功。

275 敬业乐群。

275 君子素其位而行，不愿乎其外。

276 行百里者，半于九十。

277 天知，神知，我知，子知，何谓无知者！

278 鞠躬尽瘁，死而后已。

279 廉约小心，克己奉公。

279 业精于勤，荒于嬉。

280 千淘万漉虽辛苦，吹尽狂沙始到金。

281 春蚕到死丝方尽，蜡炬成灰泪始干。

281 虽有忧勤之心而不知致理之要，则心愈劳而事愈乖。

282 古之立大事者，不惟有超世之才，亦必有坚忍不拔之志。

283 纸上得来终觉浅，绝知此事要躬行。

284 保初节易，保晚节难。

285 当官之法，唯有三事，曰清，曰慎，曰勤。

285 路逢饿殍须亲问，道遇流民必细询，满城都道好官人。

286 念念敬，斯念念正；时时敬，斯时时正；事事敬，斯事事正。君子无在而不敬，故无在而不正。

287 炮制虽繁，必不敢省人工；品味虽贵，必不敢减物力。

## 诚信

307 以信接人，天下信之；不以信接人，妻子疑之。

308 贪诈伪之小功，失诚信之大义，一为不信，终身取尤。

309 不信之言，无诚之令，为上则败德，为下则危身。

310 廉者憎贪，信者疾伪。

310 自古驱民在信诚，一言为重百金轻。

311 忠信礼之本，人无忠信，则不可以为学。

312 自谋不诚则欺心而弃己，与人不诚则丧德而增怨。

313 诚是自然底实，信是做人底实。

313 诚，五常之本，百行之源也。

314 轻诺者必寡信，与其不信，不如勿诺。

315 凡出言，信为先，诈与妄，奚可焉。



## 友善

317 概述

319 有容，德乃大。

319 地势坤，君子以厚德载物。

320 天道无亲，常与善人。

321 投我以木桃，报之以琼瑶。

322 有朋自远方来，不亦乐乎？

322 己所不欲，勿施于人。

323 见善如不及，见不善如探汤。

324 亲仁善邻，国之宝也。

325 从善如登，从恶如崩。

325 利人乎，即为；不利人乎，即止。

326 恻隐之心，仁之端也。

富强

民主

文明

和谐

# 富强

富强，即富有而强大，包括人民生活富裕、社会发展良好、国家综合实力强大，是马克思主义者孜孜以求的理想社会的重要衡量尺度。在社会主义核心价值体系中，富强是开篇之语，具有全局性、根本性和优先性的意义。它既关乎国家的发展和繁荣，又关乎社会的建设和进步，还关乎每一个公民个体的权利与价值实现。

富强是中华民族千百年来追求的目标。古代典籍中，富强思想比比皆是。如《管子·形势解》："主之所以为功者，富强也。故国富兵强，则诸侯服其政，邻敌畏其威。"《史记·李斯列传》："孝公用商鞅之法，移风易俗，民以殷盛，国以富强，百姓乐用，诸侯亲服。"自古以来，人们都对国强民富抱有殷切期盼，并为此不懈努力。中国古代曾经出现过文景之治、贞观之治、开元盛世等繁盛时期，其治国理政的成功经验或深刻教训，今天仍给予治政者以重要启示。

近代，由于社会制度腐败与经济技术落后，中国一度失去独立和尊严，濒临亡国灭种的绝境。争取民族独立、人民解放和实现国家的繁荣富强，成为无数仁人志士在很长一段时期内为之前赴后继、英勇奋斗的崇高目标。重温中国古人对"富强"的理解，能使我们不忘辉煌，不忘教训，目标明确，砥砺前行。

宋·王希孟《千里江山图》

**安而不忘危，存而不忘亡，治而不忘乱。**

——《周易·系辞下》

【大意】

安稳时不忘记危机的时刻，生存时不忘记灭亡的可能，太平时不忘记动乱的忧患。

【解读】

作为中国最古老的一部哲学著作，《周易》中充满了古人原始而智慧的辩证思维。古人认识到事物常在矛盾之间相互转化，因而生发出居安思危的忧患意识，并作为中华文明的价值瑰宝得以延续。居安思危的意义何在？宋代学者张载对此做出过精辟的解释："思所以危则安矣，思所以乱则治矣，思所以亡则存矣。"一个人，乃至一个国家和民族，唯有常怀忧患意识，才能鞭策自我，走向富强。

中华民族是一个饱经忧患的民族，因此在千百年生存发展进程中，始终强调"生于忧患而死于安乐"。我们党可以说就是一个在忧患中诞生、奋斗并不断壮大的政党，忧患意识已深深地融入党的革命、建设与改革的全部实践中。今天，站在新的历史起点上，我们强调增强忧患意识，便是要认清我国社会发展所面临的新形势新任务，保持清醒头脑，强化底线思维，积极地迎接各种风险和挑战。这句话常用来强调国家富强的同时不要忘记居安思危。



**不义而强，其毙必速。**

——《左传·昭公元年》

【大意】

不以合乎道义的方式使国家强大，它的灭亡也必将是迅速的。

【解读】

春秋时期，晋国大夫赵孟出使楚国，楚国令尹（相当于宰相）熊围表现得非常傲慢，气势甚至凌驾于国君之上。赵孟对晋国大夫叔向说起此事，叔向认为，熊围这样做不会有好结果，因为他的强势是以欺负弱小、践踏礼节的方式实现的。果然，熊围在以残暴的方式杀害了国君，篡夺了政权后，继续暴虐荒淫，行不合道义之事，最终被臣民推翻，凄凉死去。

国家的富强之路，需要遵循人类社会发展的规律，尊重人类社会共同的价值观。如法西斯德国、军国主义日本，看似强大一时，实则本质虚弱，终究昙花一现，自我毁灭。中国的发展，乃是建立在和平、友好、平等基础上的富强之路，绝不靠霸权主义走向强大。这句话常用来表达“多行不义必自毙”的道理。



**主之所以为功者，富强也。故国富兵强，则诸侯服其政，邻敌畏其威。**

——《管子·形势解》

【大意】

君主的功绩，在于使国家走向富强。做到国富兵强，各方诸侯就会服从他的政令，邻邦也因敬畏其威力而不敢来侵犯。

【解读】

这是“富强”一词的最早出处。春秋时期，诸侯之间相互征伐、战争频繁，各大诸侯国为取得主导地位纷纷变法图强。齐桓公任用管仲为相，率先展开了一场涉及政治、军事、经济、外交等多方面的改革运动。改革使齐国成为春秋早期第一富强之国，齐桓公也成为春秋时期第一位霸主，各方诸侯前来会盟，外敌不敢侵犯，齐国大国风范尽显。

历史证明，只有国富兵强才能御敌于国门之外，才能保持独立自主，享有长久的和平和长足的发展空间。因此，在以和平与发展为主题的今天，我们仍要以实现国家富强作为奋斗目标，长期坚持、不懈努力、时刻践行。这句话常用来表达国家富强的重要意义。

**得时者昌，失时者亡。**

——《列子·说符》



【大意】

顺应时代发展规律，就能走向昌盛；违背时代发展规律，必将走向灭亡。

【解读】

这句话源于一个寓言故事：战国时期，一户施姓人家有两个儿子，学文的儿子到好文的齐国做官，学武的儿子到好武的楚国做官，事业都很顺利。施家邻居孟家也有两个儿子，分别学文学武，但学文的儿子去了好武的秦国，学武的儿子去了好文的卫国，结果下场都很悲惨。施家人于是对孟家人说：“得时者昌，失时者亡。”孟家两个儿子正是由于违背时势，才落得这种结局。

孙中山先生曾说：“世界潮流，浩浩荡荡，顺之者昌，逆之者亡。”国家的强盛和民族的进步，需要尊重规律，顺应时代潮流；

反之，只能走向败亡。如今，我们强调做事情要“与时俱进”，正是对此句的最好诠释。这句话常用来表达尊重规律、顺应潮流是国家走向富强的前提。

**圣人苟可以强国，不法其故；苟可以利民，不循其礼。**

——《商君书·更法》

【大意】

圣明贤德的人认为只要能够使国家强大，就可以不必固守原来的法律和规矩；只要能够对民众有利，就可以不必固守以前的礼法和思想。



【解读】

商鞅变法是中国改革史上一座耀眼的里程碑。变法，就是要改革旧制度，而这势必会触犯既得利益者，反对变法的人往往抬出旧制度的权威来打压新思想、新观念。对此，商鞅大胆提出，礼仪和制度的制定只要能够对百姓生活有利、对国家发展有利就是正确的，就应当实施，不必一切都按旧有的规定来做。

要想使国家富强、人民富足、社会进步，就必须敢于探索，勇于变革，绝不能抱残守缺，固步自封。这句话常用来形容为了国家的发展，要敢于破除陈规，大胆变革。

**足国之道，节用裕民而善臧其余。**

——《荀子·富国》

臧：同“藏”，收存。

【大意】

使国家富足的办法，是节约用度，使百姓富裕，并且妥善贮藏多余的粮食财物。

【解读】

《尚书》中有“利用、厚生”的观点，指的是善于利用资源，使百姓生活富足。战国时期儒家代表人物荀子发挥了这一思想，指出一个国家要想强盛富足，需要在利用资源的基础上懂得节约，节约的目的是让人民富裕，人民富裕了国家才能富裕。

自古以来，中华民族就有藏富于民的理念。民富优先，则会带来国富；国富优先，却只能带来民穷。民富的方法很重要的一点是节约。勤俭节约是中华民族的传统美德，“历览前贤国与家，成由勤俭破由奢”。今天，中国依然是世界上最大的发展中国家，人口多、底子薄，所以绝不能容忍各种奢侈浪费，唯有节俭，才能更好地发展，实现富国富民的目标。这句话常用来表达使国家富足的方法。



**威有三：有道德之威者，有暴察之威者，有狂妄之威者。**

——《荀子·强国》

【大意】

国家的强大分为三种：有凭借道德正义成就的强大，有通过暴政苛刑产生的强大，有倚仗狂妄自负形成的强大。

【解读】

荀子将国家的强大分为三种，推崇的则是“道德之威”。所谓“道德之威”就是行善政，为人民做好事，从而成为众望所归的强国。荀子认为这类强国才是真正的“安强”，即安定又强大的国家。“暴察之威”和“狂妄之威”都不会长久，只有“道德之威”才是通向国家富强的唯一道路。

历史上因盲目强国而导致灭亡的不乏其例。隋炀帝崇拜汉武帝，想建立一个武帝式的强国，但他的强国梦让人民无法承受，纷纷造反，最终不仅送了自己的命，也断送了隋王朝。今天，我们倡导富强，那么我们要建设一个什么样的强国？当然是荀子所说的第一种。我们建设强国的目标不是与其他国家争霸，不是要劫财扩疆，而是建设一个让人民富足安定的强国，是保护和平维护正义的强国。这句话常用来指明实现国家富强的方法，并强调以德立国才是根本。



## 国将兴，必贵师而重傅。

——《荀子·大略》

傅：教师。

【大意】

国家要兴盛，就必须尊重教师。

【解读】

荀子认为，国家富强，教育是根本。“贵师而重傅则法度存”，一个有法度的国家才能使各方面健康有序地发展；“贱师而轻傅，则人有快，人有快则法度坏”，如果不尊重教师，人们就会产生放肆之心，如此一个国家也会因缺少基本的道德规范而走向堕落和衰亡。

科教兴国，是我国始终不变的发展战略；尊师重教，则是科教兴国的基础。中华民族有尊师重教、崇智尚学的优良传统，在中华民族5000多年文明发展史上，英雄辈出，大师荟萃，与一代又一代教师的辛勤耕耘是分不开的。这句话常用来强调知识与人才对富国强兵的重要性。

## 谨于听治，富强之法也。

——《韩非子·八说》

【大意】

谨慎地处理政事，是富国强兵的方法。

【解读】

作为法家思想集大成者，韩非子一向强调法纪制度的重要性。他认为，君主不能仅凭仁义慈爱来治理国家，还应当严明法令，谨慎地处理政事，才能使国家走向富强。暴虐固然不是可取的执政方式，但也不应当推崇一味地施行仁义，因为过分的仁爱会让人心生侥幸，进而胡作非为，必须有法的介入才能维护社会的稳定和公正。

党的十八大报告提出："法治是治国理政的基本方式。"现代政治文明，本质上就是法治文明，法治文明是人类社会共同的信仰与目标。中国的富强，必须走法治之路。而各级政府、各级领导，则应该依法执政、依法办事。这句话常用来阐释法治与富强之间相辅相成的关系。

**土广而任则国富，民众而治则国治。富治者，车不发轫，甲不出橐，而威制天下。**

——《尉缭子·兵谈》

发轫（rèn）：拿掉支住车轮的木塞，使车前进。这里指动用兵车。轫，支车的木塞。　橐（tuó）：口袋。

【大意】

土地广大而又能充分利用，国家就会富足；百姓众多而又有良好的管理，国家就会安定。富足而又安定的国家，不必出动兵车和军队，凭借声威就可以使天下敬服。

【解读】

在诸侯征战的战国乱世，为使国家在残酷的兼并战争中生存下来，立足于不败之地，就必须以国家繁荣富强作为坚实后盾。那么，如何实现富强呢？我国古代颇具影响的兵书《尉缭子》提出两点主张：一是充分利用土地，积极发展生产，使人民丰衣足食、安居乐业；二是要对国家进行合理的组织与管理，使人民万众一心、团结一致。一个富足强大的国家所具有的威慑力，足以不战而御敌于国门之外。

《尉缭子》虽是一部兵书，但这句话在治国层面也有借鉴意义。富强是一个国家获得尊重和威望的重要保障，而国家的富强离不开经济的发展和人民生活的安定。这句话用以阐述使国家富强的方法，以及富强对于国家生存的重要意义。



**存在得道而不在于大也，亡在失道而不在于小也。**

——《淮南子·氾论训》

【大意】

国家的安存在于合乎道义而不在于幅员广大，国家的危亡在于失去道义而不在于疆域狭小。

【解读】

《淮南子》是西汉初年淮南王刘安召集门客共同编写的一部著作。成书之时，西汉王朝正沐浴在文景之治的光辉之下，并为即将到来的汉武盛世做足了准备。书中集先秦诸子学说之大成，又结合西汉建国百余年的治世经验，提出了“强国需重道义”的命题。这一命题继承了孟子“得道多助、失道寡助”的思想，为国家通过何种方式走向富强提供了参考。

当今时代，局部战争与军事冲突时有发生，一些国家穷兵黩武，为自身的利益不惜破坏国际秩序。要知道，热衷于使用武力，不是国家强大的表现，而是道义贫乏的反映。这句话常用来强调国家走向富强所应持有的正确态度。



**家有千金之玉，不知治，犹之贫也。**

——汉·韩婴《韩诗外传》

治：雕琢。

【大意】

家中有贵重的玉石而不知道加以雕琢，也仍然是贫穷的。

【解读】

西汉著名的儒家学者韩婴，成名于国家统一、社会安定的文景时期。面对良好的发展局面，韩婴将国家资源比作“千金之玉”，强调只有将其合理地开发利用，才能最终走向富强。他的观点与新继任的汉武帝不谋而合。武帝一改文景时期“无为而治”的执政理念，果敢决策、积极施政，使西汉王朝在经济、文化、军事、外交等诸多方面大幅提升，最终成就一代盛世。

当今的中国，稳定的社会局面同样为国家发展创造了大好条件。面对我国丰富的自然资源、雄厚的人力资源，以及厚重的历史文化资源，要以进取的心态，敢于担当的勇气，抓住历史机遇，将中国这块“千金之玉”精心打磨，助其走向富强。这句话常用来阐述使国家富强要善于利用资源。

## 渊深而有鱼生之，山深而兽往之，人富而仁义附焉。

——《史记·货殖列传》



【大意】

水越深的地方鱼越多，山越深的地方猛兽越多，人的财富多了道德水准也会相应越高。

【解读】

西汉著名史学家司马迁认为，经济条件的提高对人们的思想道德水准的提高具有影响。他接受了《管子》“仓廪实而知礼节，衣食足而知荣辱”的思想，进一步提出“人富而仁义附焉”的理念。

用现代眼光看，这句话十分符合唯物主义的“物质决定意识”“经济基础决定上层建筑”等观点。物质财富的多寡，深刻影响着人们的精神面貌。对于个体的人是如此，对于一个国家同样如此。国家富强了，必然带来整个社会文明程度的提升，“物质文明决定精神文明”。这句话揭示了道德与经济之间的关系，用于阐明国家富强为社会文明带来的积极影响。

**生财有大道，生之者众，食之者寡，为之者疾，用之者舒，则财恒足矣。**

——《礼记·大学》

【大意】

富国裕民有一定的法则：从事生产的人多，进行消费的人少；生产的速度快，消耗的速度慢。如此，国家的财富就能经常保持充裕。

【解读】

《大学》原是《礼记》中的一篇，后朱熹将《大学》《中庸》《论语》《孟子》合在一起，称为“四书”，并将《大学》列为“四书”之首。作为儒学的入门读物，《大学》讲述的是做人做事最根本的道理。书中所说的“生财之道”，放在国家层面就是：国内减少无业游民，进行经济生产的人便会增多；政府裁汰无能官员，靠政府混饭吃的人就会减少；国家不过多占用民间的人力，动用人力时不违农时，经济生产自然高效；动用国库时量入为出、精打细算，无谓的经济损耗自然减少。如此可保国家的富足和强大。

党的十八大报告中提出了“推动实现更高质量的就业”“加强和改进公务员队伍建设”“加强对政府全口径预算决算的审查和监督”等措施，与此句表达的思想颇多契合。这句话常用来表达使国家富强的具体方法。



**衣食者民之本，稼穑者民之务也，二者修则国富而民安也。**

——汉·桓宽《盐铁论·力耕》

稼穑：耕种和收获。泛指农业劳动。　修：整治。

【大意】

穿衣吃饭是老百姓生存的根本，农业生产是老百姓最主要的工作。如果这两方面都做好了，就能使国家富足，百姓安宁。

【解读】

中国自古以来就是一个农业大国，农业的发展程度直接关系到经济的水平和社会的稳定。汉武帝晚年，迷信武力，导致国力衰退，百姓生活陷入困境。昭帝即位后，召集群臣讨论对策，儒生们提出使国家富足的方法在于重视百姓的生活和农业的生产。昭帝采纳了这个建议，采取了一系列有利于重农重民的措施，最终实现了中兴的局面。

今天，农业和民生仍是党和政府长期重视的大问题，它不仅关乎中国经济发展和社会主义现代化建设，更关乎人心向背和国家政权的稳定。这句话常用来表达使国家富足的方法，以及强调农业和民生问题的重要性。



**民富国强，众安道泰。**

——汉·赵晔《吴越春秋·勾践归国外传》

【大意】

人民富裕则国家强大，民众安宁则世道太平。

【解读】

春秋时期，越王勾践被吴王夫差打败，被迫到吴国侍奉吴王数年。被释放回国后，勾践过着俭朴的生活，不轻易役使百姓，使民力得到休息，同时日夜不忘复仇，留下了“卧薪尝胆”的典故。经过

认真治理，越国府库充实，重新变得富强起来。勾践凭借长年积聚的国力，最终攻灭了吴国，成为春秋后期的一位霸主。

古人心目中的“富强”，是一种涵盖富裕、强盛、安宁的状态，从作为个体的“民”，到作为集体的“国”，莫不如此。换句话说，只有人民富有、国家强盛两者兼备，才能实现“众安道泰”的境界。这句话常用于形容太平盛世的繁荣景象。

## 政教积德，必致安泰之福；举错数失，必致危亡之祸。

——汉·王符《潜夫论·慎微》

德：通“得”，这里是“得当、正确”的意思。　举错：即“举措”，“错”通“措”。



【大意】

如果推行的政策和教化都是正确的，一定能获得国家平安康泰的福报；如果推行的措施常有失误，就一定会导致国家灭亡的灾难。

【解读】

王符是东汉著名政论家，一生没有做官，把自己的政治见解和学术思想都写入了《潜夫论》这部著作。当时东汉国势逐渐衰微，社会上充斥着迷信、奢靡等不良风气，西北又有羌人起事，王符以写作政论的形式，提出有助于国家富强的策略，抨击社会的丑恶现象，体现了他对社会的责任感。本句出自《潜夫论》的《慎微》篇，该篇认为人性善恶、国家兴衰都是通过一件件小事积累而成的，如果不注意小节，将会酿成大祸。

国家谋求富强，不可能在一夜之间实现，必须经由一系列正确政策及教化措施的颁布与执行，才能够把国家带上富强之路；反过来说，国家的衰败乃至灭亡，也必然是执政者犯下一连串错误所导致。王符以此作为“慎微”的例证，是很有见识的。这句话通常用于说明政策的得失对国家发展的重要性。

## 国之将兴，贵在谏臣；家之将盛，贵在谏子。

——三国魏·桓范《世要论·谏诤》

【大意】

一个国家要兴盛，重要的是要有敢于劝谏的大臣；一个家族要兴盛，重要的是要有敢于劝谏的晚辈子弟。



【解读】

桓范是三国时期曹魏的一位大臣，《世要论》是他所写的政论著作，主要论述国家富强之道。桓范认为，无论是国家还是家庭，想要兴盛起来，需要所有成员齐心协力。他主张臣、子等应对君主、父兄大胆地提出意见，并认为这是国家、家庭兴盛富强的重要条件，这就超出了古人“君君臣臣父父子子”的一般等级观念。

在发达的现代社会，想要实现国家富强，需要全国上下团结一心，群策群力。只有大家知无不言、言无不尽，领导者肯于接受人民的批评和建议，才能把全国人民的聪明才智集中到国家建设上来，才能实现中华民族的伟大复兴。这句话常用来表达国家的建设和发展需要群策群力，尤其要有敢于提意见的人。

## 思国之安者，必积其德义。

——唐·魏徵《谏太宗十思疏》

【大意】

想要让国家安定，必须积累道德和信义（来获取民心）。

【解读】

唐太宗即位初期励精图治。后来，随着唐朝日渐富强，以及外患的解除，他出现了懈怠政务、无故役使百姓、反感批评的不好苗头。为了能让皇帝及时发现问题、改正错误，大臣魏徵写了著名的《谏太宗十思疏》，劝诫太宗应在知足、知止、谦虚、包容、正身等十方面多加注意，积累德义，以保证国家的长治久安，不至于重蹈隋朝覆辙。"思国之安者，必积其德义"一句则是这篇奏疏的主旨。

国家想要变得富强，首先必须处于安定团结的环境下；而塑造安定团结的社会氛围，必须以道德和信义的积累为前提。这句话常用来表达道德建设对于国家安定富足的重要性。



## 忆昔开元全盛日，小邑犹藏万家室。

——唐·杜甫《忆昔》

邑：城镇，后来引申作为行政单位"县"的别称。

【大意】

回忆起玄宗开元年间的全盛景象，那时一个小县都有一万来户人家。

【解读】

这首诗写于安史之乱后的764年。755年，唐玄宗宠信的大将安禄山在河北起兵反叛，唐军在郭子仪等名将统率下，用八年时间平定了叛乱，但唐朝已经元气大伤，从此再未恢复盛唐时期的繁荣富强局面。年过五十的杜甫看到当时朝廷不振、民生凋敝的景象，怀想年轻时强大的唐王朝，于是写下了《忆昔二首》，本句出自其中的第二首。

这句诗从人口方面描写了唐朝极盛期的富强景象。在公元8世纪的世界上，除了几个最有名的城市之外，一个有万余户人口的居民点可以称得上非常繁盛了，而杜甫称唐朝的一个小县的人家就有万户之多，可见当时唐朝的富强程度。这句诗常用来形容盛世富强的表现。



### 兴废由人事，山川空地形。

——唐·刘禹锡《金陵怀古》

【大意】

国家的盛衰取决于人的作为，山川的险要只不过是地理形势罢了。

【解读】

唐代诗人刘禹锡奉朝廷征召，由和州（今安徽和县）刺史任上返回洛阳，途经六朝故都金陵（今江苏南京）。次年，他回顾这段旅程，写下了这首诗。“兴废由人事，山川空地形”，诗人以极其精炼的语言揭示了六朝兴亡的秘密，并警示当世：六朝的繁华哪里去了？当时的权贵而今安在？险要的山川形势并没有为他们的长治久安提供保障；国家兴亡，应当取决于人的所作所为。

的确，地理位置的优越只是国家稳定繁荣的一个保障，却不是决定因素。如今，党和政府提倡以德治国和依法治国相结合，并要求从政者立足本职工作，以身作则，服务百姓。这才是凝聚民心、稳定社会，实现国家长治久安的关键。这句话常用于阐述从政者的作为对国家发展的重要意义。

## 古之善政贵于足食，将欲富国必先利人。

——《旧唐书·韦坚传》

【大意】

古代好的政策是使百姓能够有充足的粮食，要想使国家富足首先要做有利于人民的事情。

【解读】

唐玄宗李隆基在给大臣韦坚的诏书中开篇就说了这句话，反映了他治国以百姓为先的理念。唐玄宗被誉为开明之君，他统治期间十分重视百姓的生活，曾下令将无主的土地分配给无地的农民，并减轻赋税负担，还多次强调官员不得随意侵扰百姓。这些措施稳定了社会秩序，促进了经济的发展，最终开创了开元盛世的局面。

如今，始终代表最广大人民的根本利益的中国共产党，在施政措施上坚持把人民的根本利益作为出发点和归宿，从而为国家的强大和富足奠定群众基础。这句话常用来表达提高人民的生活水平，维护人民的利益是国家走向富强的关键。

**思富国便民之事，莫若端本，尊以农事。**

——宋·王溥《唐会要》卷六十六

端：端正。　尊：重视。

【大意】

使国家富强、人民生活便利的方法，在于端正根本，重视农业生产。

【解读】

唐德宗时，司农少卿（负责农业生产的官员）李坚作《立太仓石柱记》，后收入《唐会要》。在这篇《记》中，李坚提出自己的主张，认为国家的富强和人民生活水平的提高，在于"务本"，古代的"本"指农业生产，这在以农立国的古代无疑是符合社会发展需要的。

当今中国，农业是国民经济的基础，是百姓的衣食之源和生存之本。只有解决好吃饭问题，才有精力发展其他产业，才能保证社会的稳定。此外，中国这样一个人口大国，只有重视农业生产，拥有充足的粮食才能不受制于人，才能在错综复杂的国际关系中谋求自己的繁荣和强大。这句话常用于强调农业生产对国计民生和国家富强的重要性。



**欲富国者务广其地，欲强兵者务富其民，欲王者务博其德，三资者备而王随之矣。**

——《资治通鉴·周纪三》

【大意】

想使国家富足，就要开疆拓土；想使军力强大，就要使百姓富足；想建立一统天下的王业，就要广施德政。这三个条件具备了，王业自然随之而来。

【解读】

这句话出自战国时期秦国宰相张仪和大将司马错之间的一段辩论。当时，张仪主张攻打韩国，遭到司马错的反对。司马错先讲了上述成就王业的三个条件，接着分析道：蜀国的统治者如桀纣一样暴虐，人民生活困苦，如果攻取蜀国，既可以扩充国土，又能救当地百姓于水火，展现秦王的德政。最终秦王采纳了司马错的建议，秦国也随之强大起来。

当今和平年代，不再主张通过开拓疆土实现国家的富足，但不能否认国土、人民、德政仍是使国家富强的三个主要条件。实现中国的富强梦，就要维护国家主权和领土完整，搞好经济建设，保证人民生活的安定富足，实行以德治国和依法治国的有机结合。这句话诠释了民富、国强以及广施德政之间相辅相成的关系。



**海内升平，路不拾遗，外户不闭，商旅野宿焉。**

——《资治通鉴·唐纪八》

升平：太平。

【大意】

四海之内一片太平景象，路人捡到别人丢失的东西也不会据为己有，民众外出时可以不必关门闭户，商人和旅客也可以安心地在外居住。

【解读】

唐太宗继位后，知人善用，广开言路，虚心纳谏；并采取了以人为本，厉行节约，休养生息，复兴文教等措施，国家由此出现了安定繁荣的局面，史称贞观之治。路不拾遗、门不闭户、商旅野宿则是这一太平盛世的具体表现，常为后人所称道。

今日，面对复杂的国际国内形势，如何创造一个长治久安的富强国家，是每一位领导者必须深思熟虑的问题。唐太宗的治国理政经验能给我们以借鉴。这句话常用于形容国家富庶的局面。

**观其君子之众多如林，则知其国之盛；观其君子之落落如晨星，则知其国之衰。**

——宋·罗大经《鹤林玉露·病榻诗》



【大意】

一个国家人才济济，就知道这个国家国力昌盛；一个国家人才凋敝，就可以知道这个国家国力衰弱。

【解读】

罗大经在抚州任职时，因朝廷矛盾而被弹劾罢官，此后再未重返仕途。《鹤林玉露》正是在此背景下写成的。有经邦济世之志的他认为通过观察一个国家的人才情况可以了解国力，他纵览唐朝历史，总结出贤才不获重用是唐朝由盛转衰的关键，同时影射了他所处的理宗一朝偏安江左，人才青黄不接，统治者正该以史为鉴，重用人才的选拔和培养，励精图治，才能使国家重新走向富强。

人才蔚起，国运方兴。纵观中国历史，辉煌盛世莫不是人才济济，而分裂战乱乃至濒临亡国，多因为人才不足、奸人横行。这句话

常用于提醒我们要实现中华民族的伟大复兴，必须励精图治，走人才强国的道路。

## 藏富于民，国赖民安。

——宋·许月卿《百官箴·司农箴》

【大意】

把财富收藏在百姓的手中，国家就能依赖百姓而获得长治久安。

【解读】

国富民强、长治久安是历代统治者追求的繁荣愿景。经历五代割据，又以兵权夺天下的宋朝皇帝，非常忌惮地方势力，采取了许多措施分化地方权力，将大权收归中央。这一举措种下了积贫积弱的祸根，在与辽金的战争中不得不以求和告终。南宋的许月卿有鉴于此，提出“藏富于民”的主张，他认为国家富强的根本在于百姓，只有百姓富足，国家才能长治久安。

“藏富于民”也是现代文明倡导的价值观，是国家强盛的标志。国家发展先期，“藏富于国”无可厚非，只有国家强大，人们才能富裕。但国家强盛后就要不与民争利，保障人民生活的富足，这样社会才能和谐健康发展，公民利益得到实现，促进社会进步和国家繁荣，实现可持续发展的“共富”蓝图。这句话常用于强调人民生活的富足对国家繁荣稳定的重要性。



## 国强须赖群贤辅，孤特何为任一身？

——元·王恽《冬日与吕文读毛诗二十二首》

【大意】

国家的强盛需要依靠众多贤明臣子的辅助，怎么能单独给一部分人过多的特权呢？

【解读】

王恽经历了金、宋相继灭亡的动荡时期。他总结历史教训，提出国家强盛要广纳贤士。反观当时元朝废除科举制，用推举和世袭任命亲信和贵族，很多有识之士报国无门，他认为这不利于国家的发展，建议统治者要多给有能力的人设置职位，提供舞台，发挥他们的优势，使国家实现长治久安。

历史证明，国家的建设和发展不能只靠少数人的力量，正是无数仁人志士的群策群力，才能实现国家富强和民族复兴。现代社会的竞争归根结底是人才的竞争。我们要把人才作为一种战略资源，对其进行发掘、培养，使他们为社会主义现代化建设贡献应有的力量。这句话常用来强调广纳人才对国家强盛的重要性。



## 苟我不弱，天下无强兵；苟我术周，天下无险地。

——明·海瑞《治黎策》

【大意】

如果自己不孱弱，天下就没有强大的敌人；如果自己方法周全，天下就没有不可涉足的危险之地。

【解读】

明朝自弘治年间，海南当地多次发生黎族叛乱。朝廷先后发动了三次大规模的征伐，都不能完全平乱。因此人们认为海南地处蛮荒之地，黎族人强悍又占据天险，没办法治理。出生于海南的海瑞却不这么认为，他写下《治黎策》一文，提出自己的一系列平黎、抚黎的进步主张，并表示愿意去黎族地区工作，施展自己的才华和抱负。海瑞认为治黎的关键在于自强。强大自我，就能打破黎族据险割据的局面；制定周全的治理措施，就不怕叛乱不被平抚。

以史为鉴，我们应该清醒地认识到：落后就要挨打，自立还需自强。在社会主义建设的今天，富强是国家稳定、人民安康的重要基础，是解决所有问题的关键。只有全体国民矢志不渝，艰苦奋斗，科学发展，才能富国强兵，实现中华民族伟大复兴的中国梦。这句话常用于激励人们要自立自强。

## 富国强兵，必以理财为本。

——明末清初·黄宗羲《宋元学案》引宋代王柏语



【大意】

想要让国家富裕、军力强盛就要以治理财政为基础。

【解读】

这句话是南宋理学家朱熹的传人王柏提出的。南宋末年，吏治腐败，权臣和世家大族纷纷逃避向国家缴纳赋税，国家经济陷入危机，政局动荡不安。在这生死存亡之际，王柏提出整顿财政对富国强兵的重要作用，同时还提出：理财没有讨巧的方法，唯有按规定缴纳赋税，且纳赋应当从公卿大夫开始。

的确，合理的财政政策和理财方法，是国家财政收入稳步增长、人民生活水平不断提高、实现国家富强的基础和保障。而作为社会公民也应当依法纳税，为国家的兴旺发达、繁荣富强尽自己应有的义务。这句话用于强调财政对于国家富强的重要意义。

## 谓一朝富有，男可翩翩裘马，妇则楚楚衣裳。

——清·李渔《闲情偶寄·声容》

【大意】

每个人都衣冠楚楚，生活舒适，这样就是国家富有的表现。

【解读】

《闲情偶寄》是李渔的代表作，其内容较为驳杂，戏曲理论、养生之道、园林建筑尽收其内。明末清初，商品经济有了较大发展，江南等地还出现了资本主义萌芽，社会思潮也发生了较大变化。生活在这个时代的李渔自然对国家和百姓生活有着个人的看法。在《闲情偶寄》中，他说了这句话，认为百姓“翩翩裘马”“楚楚衣裳”的生活是国家富有、民众享乐的表现。

在李渔眼中，国家富强与百姓生活富足密切相关。的确，历史经验告诉我们，民富而国强，人民富裕了，国家才能强盛而有尊严。如今，党和政府尽全力保护人民的利益和财富，带领人民向共同富裕的目标迈进，就是为了尽早实现国家的富强和民族的复兴。这句话常用来形容太平盛世的富足生活。



## 江陵今日富强成，圣人宫中奏《云门》。

——清·杜濬《初闻灯船鼓吹歌》

江陵：指明代著名政治家、改革家张居正。张是江陵（今属湖北荆州）人，时人又称其为张江陵。　《云门》：相传为黄帝时期的乐舞。

【大意】

改革使国家走向了富强，贤德之人在宫中奏起了《云门》之乐。

【解读】

这是一首以诗歌形式描写历史的作品。作者杜濬是明末清初人，清顺治四年（1647），他以南京秦淮河上观灯听鼓的风俗为线索，从明万历时期张居正改革使国家走向强盛一直写到南明政权的灭亡，目的在于反思明朝由盛到亡的历史教训。明朝万历初期，张居正任内阁首辅，面对当时社会的弊病，他从政治、经济、军事等方面做了大胆的改革，使国家摆脱了危机，走向了强盛。这两句描写的就是国家富强的盛况。同时，诗人也指出，张居正改革成功后，举国上下很快掀起纵情靡费之风，且愈演愈烈，这从根本上虚耗了国力，涣散了人的精神，最终导致了明朝的灭亡。

杜濬描述的这段历史对后世不无借鉴意义。国家的强盛是百姓安居乐业的条件。但我们也应该清楚地认识到，强盛不意味着可以放纵和挥霍。这句话通常用来形容富强的局面，以及警示人们要守住富强的成果。



## 千秋龟鉴示兴亡，仁义从来为国宝。

——清·张映斗《咸阳》

龟鉴：又称“龟镜”“龟纹镜”，古镜的一种。古人认为，龟可以卜吉凶，镜可以照美丑，含有借鉴之意。今比喻可供人对照学习的榜样或引以为戒的教训。

【大意】

几千年的历史揭示了兴盛衰亡的原因，仁和义向来是治国安民的法宝。

【解读】

中国悠久的历史给后人留下了许多宝贵的治国经验和教训。清人张映斗到访咸阳，见到秦代宫殿遗址，不禁想到秦朝兴亡的历史，于是写下这首诗。诗中他既称赞了秦始皇统一六国、抵抗匈奴的历史功绩，同时也指出他焚书坑儒、万金求仙而劳民伤财，导致二世而亡。最后，诗人借贾谊《过秦论》中“仁义不施而攻守之势异也”的观点，发出了这样的感慨：历史的经验告诉我们，仁义道德才是治国的法宝。

所谓“国无德不兴，人无德不立”。以仁义道德治理国家，才能使人民心服、身从，从而达到社会安定、国家繁荣富强的目标。此外，以社会公德、职业道德、家庭美德为着力点，加强公民道德建设，提升全民素质，也对全面建设小康社会、构建和谐社会有着十分重要的意义。这句话常用来警示我们要注重道德建设，提高个人修养，建设富强国家。



## 尽转外国之长技，为中国之长技，富国强兵。

——清·魏源《圣武记·道光洋艘征抚记》

【大意】

学习和掌握西方的技术，转变成中国特色的技术，从而实现国家的富裕和强大。

【解读】

作为清末“开眼看世界”的代表人物，魏源从反侵略的角度出发，批评了“华尊夷卑”的观点，认为盲目的固步自封，只会走向衰败。他倡导放开眼界，以学习西方先进的军事技术为手段，加强自

己的军事力量。只有军事力量强大了，才能抵御列强的欺侮，国家才有强盛的可能。

近代中国备受列强的欺辱，陷于亡国灭种的危机。惨痛的教训，让我们深深知道弱国无强兵，落后就要挨打。而富国是强兵之本，世界上许多国家通过增强以经济、科技为基础的综合国力，实现了富国强兵。今天，我们不能重蹈覆辙，要努力学习先进的科学技术，走中国特色的发展道路，形成自己的核心竞争力，使国家强大起来。这句话是我国近代提出向西方学习的思想源头，常用来强调国家强大要善于学习先进的技术并有所创新。

**欲强国先富国，欲富国先富民。**

——清·郑观应《致梁纶卿书》



【大意】

想要让国家强盛，先要让国家富裕；想要让国家富裕，先要让人民富裕。

【解读】

这句话出自晚清维新思想家郑观应给同乡兼同学梁纶卿的一封信。晚清时期，我国面临危亡局面，很多知识分子从各方面寻求挽救国运的方法。郑观应作为一个长期接触西方先进知识的传统知识分子，提出通过兴办工商业、培养商务人才来使国家变得强大。这种思想在清末和民国初期有很大的影响，形成了“实业救国”的思潮。

郑观应用这句话，阐述了从富民到富国再到强国的递进过程。人民是国家的基石，如果人民不富裕，国家很难富裕起来；只有国家足够富裕了，才能把大量人力物力投入到国防事业上，让自己真正变得强大。这句话现在通常用于阐释全民走向共同富裕的价值，以及人民富足对国家的意义。

## 夫才智之民多则国强，才智之士少则国弱。

——清·康有为《上清帝第二书》

【大意】

有才智的人民多，国家就会强大；有才智的人民少，国家就会弱小。

【解读】

晚清时期，著名维新思想家康有为曾经先后六次上书光绪皇帝，阐述自己的变法思想，鼓励光绪帝通过学习西方来使中国变得强大。面对当时统治者暮气沉沉、不能适应时代潮流的现实，康有为认识到了人才的重要性，于是在上光绪帝第二书中提出培养任用"才智之民"的主张，希望能够以此挽救在下坡路上越走越远的清朝，帮助国家重新走向富强。

人才是国家兴盛的重要条件。如果一个国家能培养出大量符合社会需求、敢于承担发展重任的能人，那么这个国家离富强繁盛也就不再遥远。反过来说，如果一个国家培养出的人才对形势茫昧无知，甚至只能称得上"庸才"，那么这个国家就将面临衰亡的危险。这句话通常用来说明人才对国家建设和事业发展的重要性。

**少年智则国智，少年富则国富，少年强则国强，少年进步则国进步。**

——清·梁启超《少年中国说》

【大意】

少年聪明则国家聪明，少年富足则国家富足，少年强大则国家强大，少年进步则国家进步。

【解读】

《少年中国说》是清朝末年梁启超所作的散文，写于戊戌变法失败后的1900年。作者从驳斥日本和西方列强污蔑我国是“老年帝国”入手，指出中国是一个正在成长的少年中国，一时挫折没有关系，只要能进步就有希望。文章满怀对少年中国的深情，认为封建专制制度和封建官吏已经腐朽，并坚信中国少年一代必有志士，只要不懈奋斗，终将使国家富强，雄立于世界。

这句话反映了梁启超渴望祖国繁荣的拳拳爱国心和积极乐观的民族自信心。他对少年的殷切期望，也正是我们今天对年轻一代的期望。当今的中国还未跻身发达国家的行列，实现中华民族伟大复兴的重任落在了年轻人的肩上。重视对下一代的教育和培养，使其不断成长进步，国家就能走向富强。这句话常用来强调少年的发展对国家建设的重要意义。

现代意义上的“民主”，意为在一定的阶级范围内，按照平等和少数服从多数原则来共同管理国家事务的国家制度。社会主义核心价值观中的“民主”，其核心是党的领导、人民当家作主、依法治国三者的有机统一，也就是将党的领导的集中性、人民当家作主的积极性和依法治国的合理性充分结合起来。其中，人民当家作主是社会主义民主的本质和核心，中国共产党的领导是建设社会主义民主的基础，实现手段是依法治国，并以民主集中制为实施原则。

“民主”一词，伴随着现代化和殖民化的历史过程传入中国。而从中国古代的政治实践和政治理念来看，存在着许多“民主”性思想因素，包括重视民众作为国家根本的重要作用、对君主与官员的督促、追求自由平等、保护民众基本权利实现等等。明末清初，在思想领域出现了一些具有唯物主义和民主色彩的先进思想家，如黄宗羲、顾炎武、王夫之等，他们的主张对封建专制起了一定的冲击作用，但是最终没有形成一股思想解放潮流。真正成熟的民主理论体系与社会制度，由无数后来者在继承前人民本与民主思想基础上，探索、实现而趋于完善。

据此，有关“民主”的古代名句，应回到当时的语境进行广义的理解，不应苛求古人，不应唯西方理论为圭臬，而是多汲取有益成分，服务于当下。

托名元·钱选《时苗留犊图》

## 民惟邦本，本固邦宁。

——《尚书·五子之歌》

惟：是。

【大意】

人民是国家的根本，只有根本牢固，国家才可能安宁。

【解读】

自先秦以降，古人认为，“国之存亡，天也”，君主“受天之命”治理国家，故称为“天子”。这既代表古人对国家起源的朴素理解，同时也有为政权蒙上神秘色彩的意图。但随着历史演进，统治者越来越认识到人民对于国家治理的重要性，从而产生了贯穿古代、影响至今的民本思想，乃至成为中国传统政治哲学的核心理念。《尚书》中的这句话，就是民本思想的最早体现。

现代民主思想同样建立在以人民为根本的基础上。只有人民为根本，才引申出爱民、为民、乐民。这既是古代民本思想与现代民主思想的共通之处，也是我们今天仍要从中汲取养分、借鉴得失的重要原因。正因如此，《尚书》中的这句话常用于强调人民在国家生活中的重要地位和根本作用。



## 天视自我民视，天听自我民听。

——《尚书·泰誓》

【大意】

上天看到的来自于我们百姓所看到的，上天听到的来自于我们百姓所听到的。

【解读】

古人既然将国家的存在诉诸“天”与“民”上，那么，这两者又是什么关系，又如何贯通呢？除了本句外，《尚书》中还有多处将天与民联结起来，如“天聪明，自我民聪明；天明畏，自我民明威”，“民之所欲，天必从之”等，这一方面是借助天的神圣性用以强调民的重要性，另一方面更是为了强调要获得上天的庇佑，就必须取得人民的拥戴。因为民与天是相通的，天的视听与民的视听是一致的，上天对于人间的知悉，取决于人民的感受，同样人民的感受也一定会传递给上天，使上天知悉。

这种将民置于天齐的观念，是中国传统政治哲学的一个独特方面，也是中国古代用以警示统治者敬畏人民的重要内容。今天，这句话常用来规诫各级领导干部应始终存有对人民的敬畏之心。



**汤武革命，顺乎天而应乎人。**

——《周易·革卦》

汤：成汤，讨伐夏桀建立了商朝。　武：周武王，讨伐商纣王建立了周朝。

【大意】

商汤讨伐夏桀、周武王讨伐商纣王的革命，顺应天意，契合民心。

【解读】

既然人民是国家的根本，并且与上天联结，统治者就必须“敬天保民”，因为一旦失去了民心，也就失去了天命。获罪于天固然难赦，获罪于民同样不可饶恕。这一思想为中国古代王朝轮替、易姓改号提供了理论基础。《周易》中的这句话，就是为了解释商汤讨伐夏桀、周武王讨伐商纣王为什么具有合法性。商汤、周武王分别是夏朝、商朝的臣下，以下犯上原属大逆不道，但因为他们顺应天意、契合民心，所以是正义的；反之，夏桀、商纣王悖逆天意、荼毒人民，因此失去天下理所当然。

这句话与我们今天所说“过去拥有不等于现在拥有，现在拥有不等于永远拥有”道理上是一样的，常用来警醒我们，只有坚持民主，始终与人民心连心，获得人民支持，才能真正巩固执政根基。

**掌朝外之政，以致万民而询焉。一曰询国危，二曰询国迁，三曰询立君。**

——《周礼·秋官·小司寇》

【大意】

执掌外朝政务的官员，应当不时召集民众征询意见。特别是，一是涉及国家安危，二是遇到国都迁徙，三是面临国君嗣立，对这些事关国运民生的重大事项都必须征询人民意见。

【解读】

《周礼》中的这句话，说的是协商民意的问题。对于民意既要善于听取、认真分析，同时更要积极与民众沟通协商，特别是当决策与民意发生不一致时。一般来说有两种情形，一种是决策本身是对的，但民众一时不理解，这就需要通过协商积极争取民众理解支持；另一种是决策本身确实存在偏差，这时候经过与民众协商，从而认识、扭转偏差就更加重要了。句中所说的“询”，并不只是简单的询问，而是要不断交换看法、协商意见，最后达成决策科学、群众满意、切实可行的结果。

我们今天强调加强社会主义协商民主，坚持有事多商量，遇事多商量，做事多商量，商量得越多越深入越好，从这句话中不也能受到许多启发吗？这句话常用来强调决策中要加强协商。

**圣人常无心，以百姓之心为心。**

——《老子》第四十九章

【大意】

圣明的执政者没有私心，而是以百姓的意志为自己的意志。



【解读】

老子所说的“圣人”，是他理想中的执政者。理想的执政者不能以自我为中心，不能以自己的意志去限定百姓的意志，而要以百姓意志来决定自己的意志。这样不仅能顺应人间大道，符合社会发展规律，更可以消除执政者与人民之间的隔阂，进而汇集民情民意，真正汲取人民的智慧，体现古代以民为重的民本理念。

如今，我党所开展的群众路线教育实践活动，就是为了密切执政党与人民群众的血肉联系，更好地实现群众利益。只有换位思考，才能对群众冷暖设身处地；只有将心比心，才能对百姓悲喜感同身受。这句话常用来阐述执政者应不忘为人民服务的初心，站稳一切为了群众的立场，充分发扬民主精神，这样才能得到群众认可，令群众满意。

**政之所兴，在顺民心；政之所废，在逆民心。**

——《管子·牧民》

【大意】

政令之所以能够得到推行，在于顺应民心；反之，政令之所以废弛，在于悖逆民心。

【解读】

以民为本的重要性已毋庸置疑，那么，这个重要性又如何呈现呢？这就产生了“民心”这个概念。正是因为有了民心，人民才不只是一个冷冰冰的、虚幻的客体，民本也才不只是一个空洞的概念。换言之，如果没有民心，人民只是单纯被治的对象，尽管具有巨大建设性与破坏力，但作为统治者来说，却只需要满足人民的最低生存需要，使之不生乱就足矣。而有了民心，这个客体就具有了一定的主体性。

《管子》中的这句话意在警醒，统治者行善政，人民就会喜，就会拥戴；统治者行恶政，人民就会怒，就会反抗，因此，统治者除了满足人民的生存需求，还必须体察民情、顺应民心。我们今天也常用这句话来强调政令必须照顾人民的情感尊严，始终以民心为导向。



**夫霸王之所始也，以人为本。本治则国固，本乱则国危。**

——《管子·霸言》

【大意】

建立霸王事业的开端，就要做到以人民为根本。根本治理得好则国家巩固，根本淆乱则国家将面临危亡。

【解读】

《管子》一书一般认为是一部早期法家著作，并兼容了其他学派的观点。与儒家一样，民本理念也渗入到法家思想中。如果说儒家以“王道”为理想，那么法家则重在追求“霸道”。但即使是在致力于称雄争霸的法家看来，实现霸业同样离不开人民的支持，因此才会同样将“以人（民）为本”摆在事关国家安危的重要位置。事实上，此句也是“以人为本”这个词的最早出处。

从这两句话我们可以看到，不论治国安邦也好，富国强兵也罢，都必须将人民作为根本。虽然我们说没有强的国，哪有富的家（民），但另一方面没有富的家（民），再强的国也无法延续。更重要的，有了强的国，目的也是为了富的家（民）。这就是国与家（民）的辩证关系，也是为什么建设强大国家，就必须努力推进民主、保障人民利益的原因。这句话强调了国家建设要以民为本。



## 百姓足，君孰与不足？百姓不足，君孰与足？

——《论语·颜渊》

【大意】

如果百姓生活富足，君主又怎么会不富足呢？如果百姓生活不富足，君主又怎么会富足呢？

【解读】

这段话出自鲁哀公与孔门弟子有若的一次对话。哀公问有若：“如果遭遇饥荒，国家用度困难，那该怎么办？”有若回答：“应减免租税，只收十分之一的田税。”哀公说：“现在收十分之二的田租，我尚且不够，怎么能再减免呢？”有若说：“如果百姓的用度够，您怎么会不够呢？如果百姓的用度不够，您又怎么会够呢？”正如有若所言，在灾荒之年减轻赋税，百姓生活富裕了，国家就不可能贫穷。反之，如果不顾百姓而强加征收，必将民不聊生，国家经济也会随之衰退。

这一对话反映了儒家朴素的民本思想，对当今有着借鉴意义。天灾有时无法避免，但在灾难面前，我们应该始终坚持“人民至上”的原则，将人民利益放在第一位，积极救灾赈灾，从而体现中国社会主义的人文关怀。这句话常用来说明人民是国家的主体，人民的利益应该得到维护。

**众恶之，必察焉；众好之，必察焉。**

——《论语·卫灵公》



【大意】

对众人都厌恶的人或事，仍必须详细审察后，方能决定自己是否也厌恶；同样对众人都喜欢的，也必须详细审察后，方能决定自己是否也喜欢。

【解读】

孔子这句话，说的是分析民意的问题。民主，简单地理解，就是多数人做主。但对民意的尊重却不等于简单的民意叠加或者谁人多谁说了算，因为特定情境下，公众情绪可能出现盲目、偏激等非理性特征，从而产生“民意失真”现象。这就要求我们在听取民意后，还要认真分析、仔细研判，才能做出正确选择。所以古人又说，“听众人议以治国，国危无日矣。”这也是孔子在面对“众恶”“众好”的情形下，仍然坚持“察”的原因。还有一次，子贡问他：“乡人皆好之，乡人皆恶之，何如？”孔子回答：“未可也。不如乡人之善者好之，其不善者恶之。”

这种不盲目轻信多数、谨慎抉择的理念，对于我们今天准确分析、理解、把握民意，仍具有重要借鉴意义。这句话常用来强调在重视民意的同时还要对其进行分析，以做出正确决策。

**君子莅民，不可以不知民之性而达诸民之情，既知其性，又习其情，然后民乃从其命矣。**

——《孔子家语·入官》



莅：统治，管理。

【大意】

君子统治民众，不可不了解民众的性情，进而了解民众的感情。了解了民性，又熟悉了民情，然后民众才能服从你的管理。

【解读】

《孔子家语》同《论语》一样，也是一部专门记录孔子及孔门弟子思想言行的著作。这句话是孔子回答弟子关于如何做官的问题时所说。在孔子看来，为政者首先应该重民，而了解“民性”“民情”则是重民的措施，同时也是古代以民为本理念的具体体现。

中国的崛起和发展，离不开人民的力量，重视民情民意，扎扎实实为人民办实事、办好事，是赢得人民支持和拥护的关键，也是实现中国特色社会主义民主政治的保障。这句话用来阐述民情民意对于治理国家的重要性。

## 夫民，神之主也。

——《左传·桓公六年》

【大意】

人民是神的主宰。

【解读】

季梁，春秋初期随国大夫，著名的政治家、军事家、思想家，开儒家学说先河的重要学者。春秋初期，整个社会笼罩在浓郁的神论气氛中。身为随国大夫的季梁勇敢地冲破信神氛围，对“神为民主”的天命观念进行反驳，提出了“民为神主”的主张，将民情看作天命的最重要指示，认为民心向背决定着国家的兴亡。为此，他还呼吁，为政者要时刻想着做对百姓有益的事，团结安抚好百姓。这些都是我国古代民本思想的体现。

虽然中国古代的民本思想同现代民主思想之间有着本质区别，但民本思想重视人民的整体利益，强调人民的地位和作用，这有助于协调个人与社会之间的关系，对建设中国特色社会主义民主制度不无裨益。这句话强调了人民的重要地位。



## 民为贵，社稷次之，君为轻。

——《孟子·尽心下》

【大意】

人民处于第一位，国家其次，君在最后。

【解读】

继孔子之后，孟子接过儒家大旗，并将儒家民本思想发扬光大，孟子也被后世尊称为“亚圣”。在孟子关于民本思想的论述中，这一句可以说最为著名。句中孟子按照民＞社稷＞君的次序，对三者作出了排列。首先，民大于社稷，这意味着，人民利益最大，无论以什么名义，打着何种旗号，都不能侵害这个根本。其次，在人民与社稷面前，君为轻，这就把社稷与君区分开来，即君并不等于社稷。

这些思想对后世论述“一姓之兴亡”与“万民之忧乐”的关系，“亡国”与“亡天下”的区分，都有着极大影响。也正是因为其大胆与尖锐，当明太祖朱元璋听到这些话时，竟大为光火，下令予以删除，颁布经过他认可的《孟子节文》，留下千古笑柄。这句话常用来强调百姓对国家的重要性。



## 选天下之贤可者，立以为天子。

——《墨子·尚同下》

【大意】

选择天下贤能之人，拥立他成为天子。

【解读】

与其他学派一样，墨家思想中也包含民本理念，并形成了自己的独特观点。例如，与儒家强调天命、君臣以及“立嫡以长不以贤”不同，墨家明确提出天子应当在“天下之贤可者”中选择，同样，天子以下，三公、诸侯国君以及地方官员也都应当在“贤可者”中产生。这就排除了笼罩在天子身上“天命”的神秘色彩，也打破了各级官员头上看似威不可侵的光环，指出他们实际上并无特殊之处，决定他们地位的不是看不见的天命，而是看得见的贤能因素。

这一思想与现代民主理念有着相通之处，即不论君主还是地方官员，都必须因为“贤”，且通过“选”来产生。当然，在当时的历史条件下，墨家不可能提出现代民主选举的实施办法，但相比于继承制，这已经是非常大胆、先进的思想了。这句话常用来说明中国古代民主的表现。

## 所贵圣人之治，不贵其独治，贵其能与众共治。

——《尹文子·大道上》

【大意】

圣人治理国家的可贵之处，不在于他能够通过自己的才能独自治理国家，而在于他能够集合众人的智慧与民众共同治理国家。

【解读】

中国古代推崇讲究仁政、德政的圣人政治。不过，一个人的能量终归有限，即便再贤明的圣人，如果仅以个人力量治国，终归无法做到十全十美。明智的执政者，会在决策时引入民主的因素，集思广益、群策群力，以群体的智慧弥补个人的不足。这就是战国时代著名哲学家尹文子所推许的“与众共治”。

我党在长期的执政历程中，始终重视与社会各阶层的有识之士精诚合作，为民族大业共同奋斗。党的十八大和十八届三中全会要求建立健全决策咨询制度，加强中国特色新型智库建设，在事关经济社会发展等重要决策方面，广泛听取各方面专家学者意见并使之制度化，从而帮助提高党的执政能力和国家治理水平。这句话常用来说明治理国家要广泛听取人民的意见，做到群策群力。

## 君者舟也，庶人者水也。水则载舟，水则覆舟。

——《荀子·王制》

【大意】

君主就像船，百姓就像水。水能够承载船，也能够使船倾覆。

【解读】

“水能载舟，亦能覆舟”，经由魏徵向唐太宗进言而广为流传，而它最早出自《荀子》。《荀子》中的这句话，一方面继承了“汤武革命，顺乎天而应乎人”中对王朝轮替、易姓改号的诠释，另一方面值得注意的是，句中排除了“天”的因素，而将“庶人”即百姓放在独一无二的位置。

千百年来，人们其实一直都明白“水能载舟，亦能覆舟”的道理，但是，道理虽然看得透，能不能遵从却是另一回事。因为水的力量往往蕴藏在平静之中，平常人们看到的只是水的平静，却往往忽视了水的力量。而待到水波不宁、狂风骤来，却已为时过晚、不可弥补。百姓的力量最可敬，也最可畏，这正是这一句简单话语所蕴涵的深邃意义。这句话强调了要重视百姓在国家的重要地位。



## 天下非一人之天下也，天下之天下也。

——《吕氏春秋·贵公》

【大意】

天下不是一个人的天下，而是天下人的天下。

【解读】

《吕氏春秋》是秦相吕不韦主持编撰的一部杂家代表著作，它

总结融合各派学说，而以黄老学派为主导。这句话所阐述的，是中国传统政治哲学中的一个重要观点——“公天下”思想。所谓“公天下”，相对于家天下而言，《礼记》中最早提出“大道之行也，天下为公”，东汉经学家郑玄解释“公”为“共”，公天下即共有天下。那么，谁来共有天下呢？这就是句中所说，天下非一人（一姓）之天下，而只能是天下人之天下，如《荀子》中也强调：“天之生民，非为君也；天之立君，以为民也。”

公天下寄托了古人关于国家观、政体观的美好政治理想，被认为与现代民主理念最为相通，并直接启发了中国近代民主启蒙思潮，我们今天也常用此句强调人民在国家中的主体地位、主人地位。



## 凡举事，必先审民心，然后可举。

——《吕氏春秋·顺民》

【大意】

凡是作出重大决策、推行重大措施，必须先审察民心，获得民众支持后，方可实施。

【解读】

民主也好，民本也好，不仅是一种理念，更是一种实践；不能只停留在口头上，更应当推行到实践中。如果说以民为本已成为一种共识，那么，落实这个共识，至少需要这几个方面：听取民意、善听民意、分析民意、协商民意。我们今天实行民主，同样需要注意这些问题。《吕氏春秋》中的这句话，说的就是听取民意的问题，强调民意支持对于政策推行的重要作用。

听取民意的实质，是保证民众的知情权。强调民主，如果民众连知情权都不能保证，何来当家作主？这个问题在我们今天仍然十分重要，或者说仍未完全解决好。现实中，多少因为漠视民众知情权搞暗箱操作、关门决策甚至独断专行，从而导致群体性事件发生的教训，不是仍然值得我们深思吗？这句话常用来强调决策的实行要先听取民众的意见。

**夫欲富国强威，辟地服远者，必得之于民。**

——汉·陆贾《新语·至德》

【大意】

要想国家富裕、军力强大，开拓疆土、边民归顺，就必须依靠百姓的力量。

【解读】

陆贾是西汉初年思想家、政治家，早年曾随刘邦平定天下。西汉建立后，他常谏劝刘邦唯有文武并用才是长治久安之术，并先后著文十二篇，总结秦亡汉兴的原因，而成《新语》一书。陆贾注意到秦朝二世而亡的主要原因就是施行暴政，让百姓承担繁重的徭役和赋税，最终引发了陈胜吴广起义，动摇了秦朝的统治基础。于是，他提出了以百姓为重的观点，强调百姓的力量对国家的富强有着重要作用。

到了唐代，大臣魏徵等人编《群书治要》时也将此句收入其中以为治国经验。唐太宗对此加以吸取，并付出实践，实行与民休息、轻徭薄赋的政策，终成“贞观之治”的局面。事实证明，国家的发展依靠人民，人民的力量体现国家的力量，如今实行社会主义民

主政治，就是要强调人民是国家的主人，保证人民的主体地位。这句话常用来强调人民的重要地位和作用。

**国主之有民也，犹城之有基，木之有根。根深则本固，基美则上宁。**

——《淮南子·主术训》

【大意】

君主和百姓的关系，就像城墙和墙基，又如树木与树根。树根扎深了，树木才能牢固；墙基砌好了，城墙才能坚实。

【解读】

道家的民本观发源于《老子》，形成于《庄子》，成熟于《淮南子》。作为道家思想的代表著作，《淮南子》一书对先秦以来道家民本观进行了全面深入的总结。与儒家强调积极有为的态度不同，道家的民本观也贯穿着无为的基调。例如《淮南子》书中还提到，“为政之本，务在于安民；安民之本，在于足用；足用之本，在于勿夺时”，就流露出顺从民意、与民生息、无为而治、勿假干预的思想。具体在政策制定中，书中还多处强调应当顺农时、尽地利，少赋税、惜民力，特别是对统治者残害民生、耗竭民力的胡乱作为予以了激烈抨击。

考虑到《淮南子》成书于汉武帝时期，正值国家征战不已，人民疲顿不堪，思想文化更是“罢黜百家，独尊儒术”，书中对于无为的向往，对于百姓的体恤，也更具有特别意义了。这句话常用来强调人民对国家的重要性。

**治天下者当用天下之心为心，不得自专快意而已也。**

——汉·鲍宣《上哀帝书》

心：心念，这里指想法、见解。

【大意】

治理天下的人应该把天下人共同的想法当成自己的想法，不能独断专行，只图自己个人的快活。

【解读】

这句话出自西汉晚期大儒鲍宣给汉哀帝的上书。西汉晚期，外戚专权、豪强兼并土地、百姓困苦，社会矛盾严重。鲍宣对这种局面非常担心，于是向汉哀帝上书，列举人民的“七亡”“七死”，要求汉哀帝想人民之所想，解决社会和朝廷的弊病。虽然他的上书没有起到太大作用，但这种仗义执言、不怕触犯皇帝的精神是可嘉的。



我国古代儒家学者普遍认为，君主应当关注百姓的疾苦，不该只顾自己享受。古人这种“以民为本”“民心为重”的观点是具备民主色彩的。在这种思想引领下，关怀民生、关注基层生活成为我国知识分子世代相承的优良传统。这句话常用来提醒官员要多为人民利益着想。

**知屋漏者在宇下，知政失者在草野。**

——汉·王充《论衡·书解篇》

宇：屋檐，泛指房屋。 草野：喻指民众中间、乡间。

【大意】

是否漏雨，屋檐下的人最清楚；政策得失，民间的百姓最清楚。

【解读】

东汉著名学者王充，年轻时曾任县中官吏。其志行高洁，拒不随波逐流，为当时官场所不容。王充退而勤于著述，将志趣、抱负抒于笔端。《论衡》一书是他一生心血所聚，作为一部体现古代唯物思想的力作，书中涉及哲学、政治、社会等方方面面，体现出强烈的民本思想，特别强调了舆情民意对社会稳定和发展的重要作用，此句就是其中一例。

实践证明，听民声、顺民意、谋民利是经济发展和社会进步的基石。让群众满意一向是我党工作的目标和方向，党的建设工作也是要敞开大门接受群众的监督、检验和批评。唯有紧紧依靠群众，工作才能够脚踏实地，不虚、不空、不偏。这段文字就是用来启示执政者，要走出“庙堂”，多到民间去体察民情，听取民意。



**国以民为本，强由民力，财由民出。夫民殷国弱，民瘠国强者，未之有也。**

——《三国志·吴书·陆逊传》

【大意】

国家以人民为根本，国家强盛取决于民力，国家财富来自于人民。民富而国弱，或者民贫而国强，从古至今从未有过。

【解读】

民本不是一句口号，而是有着充实的内容。这句话是三国时期的吴国名将陆逊向孙权所进的谏言。当时有人向孙权建议推行一些变革政策，孙权征求陆逊的意见，陆逊随即以这番话对答，进而指出：国家政策如果不能让百姓受益，而只是为了驱使百姓效力，万万难行。如今最重要的是安抚赈济百姓，等国家财力稍有丰裕，再考虑其他事情。

陆逊这番话，不仅强调了国与民的辩证关系，即民富方能国强，人民困苦，国家何能安宁强大？在我们今天看来，更重要的，无论是古代民本思想还是现代民主理念，说到底都是手段而非目的，一切政策最终要以民众利益为旨归，特别是如果打着强盛国家旗号却行牺牲人民福祉之事，无疑就是本末倒置、南辕北辙了。这句话常用来强调人民是国家的强大基础和保障。

**天子者有道则人推而为主，无道则人弃而不用，诚可畏也。**

——唐·吴兢《贞观政要·政体》



【大意】

所谓天子，圣明有道，百姓就会拥戴他为君主，如果昏庸无道，百姓就会将他抛弃，这实在是令人感到畏惧啊！

【解读】

《贞观政要》为唐代史学家吴兢所编撰，书中分类记录了唐太宗与大臣魏徵、房玄龄等人的谈话言论，是中国古代关于治国理政的一部名著。贞观六年，唐太宗在与侍臣谈论“古之帝王兴衰”时发出了这样的感叹。这句话的道理或许并不新奇，但它能从一位帝王的口中说出。从隋朝战火走来的唐太宗，既难忘隋炀帝的穷兵黩武、穷奢极欲，更难忘农民起义的熊熊烈焰、滚滚浪潮，从而深切体味到这个痛彻心扉的道理。

一个封建时代的皇帝，能够在人民面前谦虚地低头，承认自己

位置乃人民所赋予决定，进而追求“有道”，应当说诚难可贵。联系到古人还曾说，“夫民者，万世之本，不可欺”，“自古至于今，与民为仇者，有迟有速，而民必胜之”，不由得使我们对于这句话有着醒目惊心的感悟。这句话常用来强调百姓的重要地位。

## 兼听则明，偏听则暗。

——《新唐书·魏徵传》

【大意】

多方听取意见，才能明辨是非；只听信一方的说法，则会昏聩愚钝。

【解读】

听取民意固然重要，如何听取同样不可忽视。“兼听则明，偏听则暗”是唐太宗向魏徵询问“人主何为而明，何为而暗”时的回答。这句话早在东汉王符《潜夫论》中就已出现：“君之所以明者，兼听也；其所以暗者，偏信也。”说明古人很早就明白了这个道理。

我们常说问计于民，从价值取向上这无疑是正确的，这也是民主的重要内容。随着经济社会的发展，利益主体越来越呈多元化，不同利益主体往往会产生不同的利益表达，这就需要我们善听民意，以获取全面、准确的信息。但“民”也并非铁板一块，决策在某种程度上是不同利益主体之间博弈的结果。因此，为了获得各方普遍能够接受的结果，必须做到“兼听”，尽可能多地听取不同群体的意见，以防止“偏听”。这句话常用来强调应多听取人民的意见，以保障决策的正确性。

**为政之道，以顺民心为本，以厚民生为本，以安而不扰为本。**

——宋·程颐《代吕晦叔应诏疏》

【大意】

从政的道理，以顺应民心为根本，以使百姓生活富足为根本，以使百姓安居乐业、不受侵扰为根本。

【解读】

北宋王安石变法期间，著名理学家程颐认为其中一些举措并没有真正让百姓得到实惠。当时，正逢自己的好友吕公著（字晦叔）被皇帝询问政事，于是程颐代他写了这一奏疏，呈递给皇帝。奏疏中，程颐明确提出百姓是国家的根本，治国理政要顺应民心、为百姓谋福的观点。



如今，党和国家一切工作的目标和方向就是在发展经济的基础上不断提高人民的生活水平，因此国家大政方针的制定和执行必须始终把实现好、维护好、发展好最广大人民的根本利益作为一切工作的出发点和落脚点，努力让人民过上幸福的生活。这句话常用来强调治国的政策措施要体现百姓的利益。

**天下顺治在民富，天下和静在民乐，天下兴行在民趋于正。**

——明·王廷相《慎言·御民篇》

【大意】

国家发达与否在于民众富不富裕，国家太平与否在于民众高不高

兴，国家兴旺与否在于民风是否正派。

【解读】

《慎言》是明代哲学家王廷相的重要著作，他将三十余年来自己对社会、人生的观察和体悟随手记下，编成此书。“慎言”之名取《论语》中有“慎言其余”一语，意思是对自己了解的事情也要谨慎地说出，以免有错误。这也体现了他为人处事的原则。王廷相生活的年代，正值明嘉靖时期，国势不振。他在古代“民本”思想的基础上，提出了自己的看法：国家的盛衰系于百姓，要先使百姓生活富足、安定，国家才能得到有效治理。

百姓生活问题就是民生问题，它不仅是重要的经济问题、社会问题，也是重大的政治问题，关乎社会治乱与国家兴亡。当前，政府搞改革，谋发展，就是为了让各族群众过上好日子，保障和改善民生已成为我们党义不容辞的责任。这句话常用来强调国家建设和发展离不开人民，要重视人民的生活和保障人民的利益。



## 盖天下之治乱，不在一姓之兴亡，而在万民之忧乐。

——明末清初·黄宗羲《明夷待访录·原君》

【大意】

天下太平或者动乱，不在于君主一姓的兴衰，而在于天下百姓的快乐或者忧愁。

【解读】

明末清初，王朝易帜，思想界在反思明亡教训的同时，受到明代后期商品经济发展的影响，而发生了剧烈变革，由此开启了思想启蒙的大门，产生了以黄宗羲、顾炎武、王夫之等为杰出代表的思想家。黄宗羲这句话，继承了公天下的思想，指出“天下”与“一姓”的区分，强调“万民之忧乐”与“一姓之兴亡”的不同；与此同时，在《明夷待访录》一书中，他还对公天下思想在新的社会环境下予以了发展，提出“天下为主，君为客”的主张，指出君臣共治只有职分的不同而没有等级的划分，这是极富创见的。

作为古人一种美好的政治理想，公天下可以说与现代民主思想最为接近，也最具有现代民主气息，因此这一思想成为近代中国仁人志士反抗专制、追求民主的重要资源，也就不足为奇了。这句话常用来表达国家兴亡最关乎的是百姓利益。

**为天地立心，为生民立命，为往圣继绝学，为万世开太平。**

——明末清初·黄宗羲《宋元学案》引宋代张载语

【大意】

为天下建立一种精神价值评价标准，为人民找到生命的意义，为从前的圣贤继承他们已经断绝的学术传承，为千秋万代开拓太平基业。

【解读】

这句话是我国宋代哲学家张载的名言，充分体现了儒者的社会责任感和历史责任感。张载认为，知识分子应该有高远的追求，把继承先贤遗业、引导人民和社会发展作为自己的职责，最终实现万世太平的美好世界。这一宏大理想被提出后，历代仁人志士都在为实现它而努力。

粗看起来，这句话是说儒者要为天地安排“心”，为人民确立

“命”，似乎有把东西强加给人民的嫌疑；实则我国很早就有“为民请命”的思想，儒者“为生民立命”，其实就是以自己作为沟通人民与“天道”的桥梁，使人民以此获得精神的归宿与寄托。这一理念，具有为民做主的理念。这句话现在通常用来表达实现远大抱负的愿望。

**以天下之权，寄天下之人。**

——明末清初·顾炎武《日知录·守令》

【大意】

要把天下的权力交给全天下的百姓，而不是让皇帝一人独断。

【解读】

明清时期，由于商品经济发展，一些士大夫已经从天下是君主一人所有的专制思想向“天下是天下人”的主权在全体百姓的民主思想转变。顾炎武就是其中的一位，他反思明亡原因，大胆怀疑君权，并提出了要把天下权力交给百姓的“众治”主张，具有早期民主启蒙思想色彩。

然而，在封建社会，“众治”的民主始终得不到实现。只有选择社会主义道路，才使广大人民摆脱几千年来被压迫、被奴役的命运，成为国家、社会和自己的主人。但我们必须认识到，中国人口多，底子薄，实现现代化建设任重道远，必须走广泛的人民民主道路，坚持党的领导、人民当家作主、依法治国三者有机统一，才能造福于中国人民。使用此句需注意民主不等于自由散漫，杜绝过分追求片面民主而毁大局的行为。

## 保天下者，匹夫之贱，与有责焉耳矣。

——明末清初·顾炎武《日知录·正始》

【大意】

即使是地位低微的普通百姓，也都负有保卫天下的神圣责任。

【解读】

顾炎武这句话，被近代学者梁启超概括为“天下兴亡，匹夫有责”，广为传扬。显然，顾炎武同样受到公天下思想的影响，将天下与国（一人、一姓）区分开来，在《日知录》“正始”条中，他鲜明地提出“有亡国，有亡天下”，易姓改号谓之亡国，却不等于亡天下。值得注意的是，与之前公天下只强调民之权（天下人之天下）不同，顾炎武在这里还提出了民之责，即纵使是普通百姓，也对天下兴亡负有责任。



民权与民责的结合，将“公天下”提升到“民天下”的新境界，可以说已经具有了现代民主思想、民主政治的意义，开拓了传统政治哲学的新领域，达到了中国士大夫政治理念的新高度，并深刻影响到了中国近现代追求民主政治的进程，直到今天仍对我们发展民主政治有着重要启示。这句话常用来表达人民肩负着国家稳定和发展的重要职责。

## 不以一人疑天下，不以天下私一人。

——明末清初·王夫之《黄书·宰制》

【大意】

不因为一个人自命尊贵就怀疑全天下的人卑贱，不因为一个人当了皇帝就把天下当作自家的私有财产。

【解读】

《黄书》是王夫之所写的一部著作，全书七篇相合，成为一套完整的治国方略。清初众多的思想家中，对宋明理学在哲理上的批判改造最力，成绩最卓著的要属王夫之。他坚持“公天下”的思想，要求摆正君与民、君与臣之间的关系和地位，甚至提出“天下非一姓之私”的观点，抨击了君主专制和把天下当作私产的做法，认为国家的一切属于百姓。这在当时无疑是具有进步意义的。

可以看到，我们今天所说的民主，不是舶来文化，而是对中国传统文化价值观的重要继承。古代具有先进思想的人早就提出了朴素的限制君权、加强行政监督和人民参政的思想。进入社会主义，我们更要保障最广大人民的民主权利。不可否认，现在阶段还有一些人以权谋私伤害人民利益，我们要不惮于与这些“大老虎”作斗争。这句话告诉我们民主是不独裁，要加强民主，必须强化对行政权力的制约和监督，保障人民当家作主的地位。



**履不必同，期于适足；治不必同，期于利民。**

——清·魏源《古微堂·治篇》

履：鞋。

【大意】

鞋子不必都是一样的，重要的是它适合自己的脚；治国的方法不必都是一样的，只要它能有利于人民。

【解读】

清末时期，社会危机突出、备受列强欺侮，魏源作为开明官员的代表，提出“师夷长技以制夷”，主张学习西方先进的科学技术来发展壮大自己。与此同时，他还提出对于西方的事物要辩证地看待和学习，不能全盘照抄，而是要以国家和百姓的利益为出发点，学以致用，经世济民。

当前，国际社会对中国民主还存在一些误解。我们必须清醒地认识到，民主的形式是多样的，西方的模式不一定适合中国的国情。中国特色社会主义民主制度的生命力，在于它是在中国的土壤中成长起来的，是人民的选择。坚持走适合中国国情的民主道路，切实解决人民要解决的问题，才能让民主成为富强的助推器。这句话常用于表达民主的真谛。

文明是人类创造的积极成果的总和，是社会进步的标志。它涵盖丰富，包括国家、社会和个人等多个层面，既指国家创造的物质和精神财富的总和，又指社会文教昌达、文德彰显、民风淳朴的和谐景象，还指人们的教养和德行。高度的社会主义文明体现了社会主义制度的本质特征，构建物质文明、政治文明、精神文明、社会文明和生态文明五位一体的大国文明，是实现中国梦的时代要求。文明具有多样性，我们要尊重各国各民族文明，相互借鉴，共同发展，促进不同文明之间的共存与和谐。

汉语的“文明”一词，最早出自《周易》中的《乾》卦：“见龙在田，天下文明。”这里的“文明”，有“光明”之意。在其他典籍中，文明一词更多意指人的教养和开化，如《尚书·舜典》称赞舜：“浚哲文明，温恭允塞。”唐人孔颖达注解说：“经天纬地曰文，照临四方曰明。”意指王者修德、普施万物。文明是国家赖以存在的基础，以德治国、以礼治国和以法治国三结合的治国传统，是中华文明的独到之处。文明也是人类赖以生存的基础，人类需要物质文明而生存，也需要精神文明而立身。“不学诗，无以言”“不学礼，无以立”。

正是在文明的教化之下，中华民族在长期的历史发展中不仅物质文明昌盛，而且博得礼仪之邦的美誉。中华文明是世界文明中始终没有中断的文明之一，是我们在倡导文明价值观时最重要的宝库。

明·丁云鹏《三教图》

**浚哲文明，温恭允塞。**

——《尚书·舜典》

浚：深邃。　哲：智慧。　允：确实。　塞：充满。

【大意】

智慧深邃，能力广大，温和恭敬的美德充满于天地间。

【解读】

《舜典》是记述上古时期舜帝事迹的作品。这句话是对舜帝德行的赞美。唐代学者孔颖达对其中“文明”二字做了这样的解释：“经天纬地曰文，照临四方曰明”，意思是说，（舜帝）治理天下的文德照耀四方。

在古人眼中，文明是一种凭借自身道德与能力而影响他人乃至天下的力量。今天看来，这仍是文明的内涵之一。从国家与民族层面来说，文明是建立在综合国力基础上的友好与和平；从个人层面来说，每一位公民都应该做到讲道德、守礼仪，用自己的文明之举影响身边的其他人。这句话常用来指文明的内涵。



**刚柔交错，天文也；文明以止，人文也。观乎天文，以察时变；观乎人文，以化成天下。**

——《周易·贲卦》

贲（bì）：装饰得很美。贲卦讲究饰文，强调人文素养的价值和意义。

【大意】

刚柔相互交错，这是自然的表现；感受天文，并有所约止，这是人类的文明。观察天文，可以了解时序的变化；观察人文，是为了教化天下民众。

【解读】

这是“人文”和“文化”两个词的最早来历。人文与天文相对，天文是指天道自然，人文是指社会人伦。治国者必须观察天道自然的运行规律，以了解耕作渔猎的时序；又必须把握现实社会中的人伦秩序，以使人们的行为合乎礼仪，并由此而“化成天下”。所谓人文，标志着人类文明时代与野蛮时代的区别。以“人文”而“化成天下”，用今天的话讲，就是用礼仪、风俗、典籍，来教化天下百姓，这里虽然“文”与“化”未连结成词，实际已经有当今“文化”所指之意。而这个“化成”，一代一代传承下去，便成为了一种“传统”。

文明，作为人类社会物质与精神生活的总和，既是结果，也是起源。人类创造文明，而通过把握、遵循文明发展的规律，又能够促进人类自我的进步。古人所谓的“教化”之义，正在于此。文明的目标，是令人类自身更加美好完善。党的十八大提出“五位一体”的社会主义文明建设，便是对文明目标的追求与践行。这句话常用来指文明的功用。



## 周虽旧邦，其命惟新。

——《诗经·大雅·文王》

邦：国家。

【大意】

周虽是一个古老的诸侯国，但它始终能自我更新。

【解读】

《文王》是《大雅》的首篇，传说为周公所作，用以歌颂周王朝

的奠基者文王姬昌。诗的开篇便指出文王上承天命，取代商朝，这是历史发展的必然，而且他能够做到除旧布新、与时俱进。文王的后代继承了这一传统，周朝即使再古老，也还因为不断革新而存在活力。

固步自封绝非文明进步的方式，任何国家与民族，都必须紧跟时代潮流，革故鼎新。正确看待“旧”与“新”之间的关系，在于既认识到旧是新的基础，发扬新的同时需要继承旧，也理解新是旧的目标，保留旧的同时亦需创造新。归根到底，人类文明只有依靠不断的自我更新，才能始终保持旺盛的生命力。这句话常用来表达革新的信念。

**仓廪实而知礼节，衣食足而知荣辱。**

——《管子·牧民》



【大意】

粮食充裕，人们就知道礼节；衣食丰足，人们就懂得荣辱。

【解读】

春秋时期，管仲辅助齐桓公治理国家，他从政治、经济、军事等方面着手进行改革，使齐国很快走上富强的道路，齐桓公也成为春秋时期第一任霸主。管仲改革，很重视农业生产和百姓的生活，原因在于他认识到经济与礼仪之间的关系，那就是百姓只有衣食无忧，才会遵守礼法，否则他们就会为了生存，铤而走险，非偷即盗，如此便破坏了社会秩序的安定，不利于国家的治理。

马克思主义认为“经济基础决定上层建筑”，文明作为上层建筑的一部分，它的确立和进步必须以经济发展为前提。当前，我国在以经济建设为中心的同时，强调精神文明建设不能放松，其深意正在于此。这句话常用来说明经济发展与文明进步之间密不可分的关系。

## 凡人之所以贵于禽兽者，以有礼也。

——《晏子春秋·谏上》

【大意】

人类比动物高贵的原因，就在于人懂得礼节。

【解读】

春秋时期，齐国国君齐景公和大臣们一起喝酒，兴头之上忘乎所以，想要放纵自己，不守礼节。大臣晏婴见此严肃地指出，国君任何时候都必须重视礼节，否则国家将失去法度，人与动物的区别，就在于有道德礼节的自我约束。随后，晏婴用事例向齐景公证明了不讲礼节的危害，齐景公幡然醒悟。

文明是人类社会的基本标志，是人区别于动物的标志之一，而礼节、礼仪则是文明的外在表现形式。一个人的言行举止符合礼仪规范，不仅会提升他的个人价值，还为全社会文明风尚的养成注入了活力。这句话常用来表达文明的重要性，多用于批评不讲文明礼貌之人。



## 见贤思齐焉，见不贤而内自省也。

——《论语·里仁》

【大意】

看见有德行或有才干的人就要想着向他学习，看见没有德行的人，自己的内心就要反省是否有和他一样的缺点。

【解读】

“见贤思齐”便是从这句古语演化出来的著名成语。孔子还说：“三人行，必有我师焉，择其善者而从之，其不善者而改之。”与这句话意思近似。人非圣贤孰能无过，有则改之无则加勉，唯有学习好的，摒弃坏的，才能不断提高自我，完善自我。

文明的力量，正是促使人类始终向真善美看齐，消除社会的阴暗与污秽。在这一过程中，无论正面、反面的例子都是有意义的。看到榜样，能有奋进目标；看到教训，能有反思的勇气。这句话常用来形容勉励一个人加强自我的学习反思。



**文质彬彬，然后君子。**

——《论语·雍也》

【大意】

为人既文雅又朴实，然后才可称得上是君子。

【解读】

孔子认为，内在的品质胜过外在的文采，就会粗野；外在的文采胜过内在的品质，就会浮夸虚伪；唯有文采与品质配合恰当，然后才能成为君子。品质，是人的内在本性；文采，则是文明的外在打磨。健全的人格，既需要文明的熏陶，也不能迷失自我，这可以说是文明成就个体的最高境界。

人需要文明的约束，但也不能盲目地迎合。保持自我的判断力，才能在多元的文明浪潮中找到正确的方向，而不至于被纷繁复杂的外界所迷惑。做到内在与外在的统一，人才能完美。如果心口不一、说一套做一套，便离君子甚远了，离文明甚远了。这句话常用来形容文明对于人格完善所达到的理想。

**不学礼，无以立。**

——《论语·尧曰》

【大意】

不懂得礼数，就不能够立身行事。

【解读】



在儒家思想中，"礼"是一个重要的概念。作为制度，它支撑国家运转；作为细节，它渗透个人的生活。在古人眼中，礼是文明的表现形式之一；不讲礼之人，就是不文明的人，无法在社会上立足。同时，守礼也是一个人提高修养和自我完善的手段。

文明是一个学习的过程。学，然后才能知不足。没有人生来就懂得一切，文明素养同样如此。人只有在不断的学习实践中，才能获得越来越多的知识和能力；只有在文明礼仪的熏陶中，才能提升自我的道德素质。"要让十三亿人民都成为崇德向善的主体"，就必须依靠对文明的学习和践行。这句话常用来强调文明对人的重要意义，也用来指礼仪对人的规范与完善。

**与善人居，如入芝兰之室，久而不闻其香，即与之化矣；与不善人居，如入鲍鱼之肆，久而不闻其臭，亦与之**

化矣。

——《孔子家语·六本》

芝兰：一种香草。 鲍鱼：古代指咸鱼，其气腥臭。

【大意】

和品行高尚的人交往，就好像进入了摆满香草的房间，久而久之就闻不到香草的香味了，这是因为自己已和香味融为一体；和品行低劣的人交往，就像进入了卖臭咸鱼的店铺，久而久之就闻不到咸鱼的臭味了，这也是因为自己已与臭味融为一体。

【解读】

孔子曾评价自己的两位高徒："我死之后，子夏会比以前更加进步，而子贡会比以前有所退步。"当被问及何出此言时，孔子答道："子夏喜爱同比自己贤明的人相处，所以他的道德修养将日益提高；子贡喜欢同才质不及自己的人交往，因此他的道德水准也将日见丧失。"之后就作了芝兰之室和鲍鱼之肆的比喻。可见环境有很强的浸染力，所以人要主动寻找并营造文明的环境，以保持并提高自身的文明水平。

从政方面也是如此，习近平同志曾强调："解决党内存在的种种难题，必须营造一个良好从政环境，也就是要有一个好的政治生态。"政治生态的改善，重在不受"四风"的侵染。而只有人人慎染，个个自净，坚决抵制歪风邪气，才能营造文明的政治生态。这句话多用来阐述环境对人的重要影响。



**礼，经国家，定社稷，序民人，利后嗣者也。**

——《左传·隐公十一年》

经：治理、管理。　社稷：社是土神，稷是谷神，古时君主祭祀社稷以求天下大治，后来用以代指国家。

【大意】

礼，使国家变得长久，社稷变得安定，人民变得有序，后代得到便利。

【解读】

春秋初期，齐、鲁、郑三国联合，在战争中击败了许国。面对新获取的土地，三国却互相谦让起来。齐国将它让给鲁国，鲁国又将它让给郑国，郑国国君郑庄公接受后，对许国的遗民礼遇有加。当时人认为郑庄公在这件事上是合乎礼法的。《左传》在记述这件事后，引用了孔子上述这段话，强调了遵守礼法对国家、百姓乃至后世子孙的意义和价值。



礼是中华传统文明的核心内容，虽然在各个历史时期的具体表现有所不同，但它所蕴涵的精神却贯彻始终。当今社会，礼是一个人思想道德水平、文化修养的外在表现，也是一个国家文明程度、道德风尚的综合反映，应当被传承与发扬。这句话常用来说明礼仪文明的重要性。

## 物之不齐，物之情也。

——《孟子·滕文公上》

【大意】

世界上的事物各不相同，这是客观情形。

【解读】

战国时期，陈相向农家学者许行学习，并对孟子说：“如果依照许行的学说实行，那么市场上的物价就不会有两样，国中就没有弄虚作假的现象。布和绸长短相同，价钱就一样；麻线丝绵轻重相同，价钱就一样；各种粮食多少相同，价钱就一样；鞋子大小相同，价钱就一样。”孟子听后反驳道：“物品千差万别，这是客观情形。你把它们放在一起等同看待，这是扰乱天下啊。做工粗糙的鞋与做工精细的鞋同一个价钱，人们难道还肯制作做工精细的鞋吗？这个主张，只会使大家一个跟着一个地干虚假欺骗的勾当，哪还能治理好国家呢？”

的确，世间事物无论多么相似总会有差别，而这种差异是应当得到正视和尊重的。世界因不同而精彩，文明因不同而产生交流和借鉴，“万物和谐”的真谛正在于此。这句话常用来说明事物具有多样性是客观规律，进而引申为文明也具多样性，不同文明之间应该相互尊重和借鉴。



## 礼者，人道之极也。

——《荀子·礼论》

【大意】

礼是社会道德规范的最高点。

【解读】

荀子在政治上继承了孔子的重礼思想并将其发扬光大，认为人的欲望无法避免，不能根除，但又不可放任。制礼作乐，就是要将人的欲望进行合理地转移、疏导和净化，透过社会认可的途径，使人的欲求得以满足。所以，荀子将礼视为做人的头等大事，把“隆礼”作为自己理论的落脚点，成为其学说的核心部分。

新时代背景下，礼可以引导人们理性地认识与处理自我与他人、个人与群体、局部与全局、当前与长远等关系，在此基础上重新构建人们思想、意志与行动的共识，重新构建全社会的整体性与稳定性，对社会主义精神文明建设大有裨益。这句话旨在说明礼对于文明建设的重要意义。

## 入竟而问禁，入国而问俗，入门而问讳。

——《礼记·曲礼上》

竟：通“境”。国：这里特指国都。讳：古人出于对尊长的敬意，在遇到与其名字相同的字时设法回避，称为避讳。

【大意】

进入国境，应该先询问这个国家的禁令；进入国都，应该先询问这个国家的习俗；进入别人家，应该先询问这家人避讳的字。

【解读】

所谓“十里不同风，百里不同俗”，春秋战国时期，各个诸侯国间的法令、习俗都不相同。一个人从一个国家到另一个国家，就要当心不要违反了当地的法律，破坏了当地的习俗；到别人家做客，也要避免触犯主人家的避讳。因此，儒家要求每个人做到问禁、问俗、问讳，这是注重文明礼仪的具体体现。

了解法律、风俗、家讳，看似例行公事，实际是对主人的体贴和尊重，而主人也必将以同等的体贴和尊重来回报客人。所谓“主雅客殷勤”，不外如是。儒家所提倡的这种相互尊重的文明观念，在今天仍然是人与人之间相处的重要准则。这句话现在通常用于表示外来者对既有风俗习惯的尊重与理解。

## 人有礼则安，无礼则危。

——《礼记·曲礼上》

【大意】

遵守礼法的人会平平安安，不守礼法的人则面临危险。

【解读】

在我国古代，“礼”是规范人与人相处方式的社会准则。从西周时期，国家制定了周密的礼制，对不同身份、年龄、性别的人，规定了不同的礼仪规范进行约束。进入春秋战国后，周天子衰微，各诸侯国不再严格遵守礼制，很多国君、大夫放肆妄为，最终导致身败名裂。基于这些事实，儒家总结教训，认为只有遵守礼法才能免遭危险。

周代“礼”的内容非常复杂，现代已经不完全适用了，但是这句话对我们仍有警示意义。讲究礼仪文明是实现和谐的重要方式，无论是个人，还是单位、地区乃至国家之间的交往，如果都能以礼相待，做到“礼尚往来”，则会减少很多矛盾和冲突。这句话现在通常用来表达讲礼仪重文明的重要性。



## 大学之道，在明明德，在亲民，在止于至善。

——《礼记·大学》

大学：此处指关于政治、哲理的高深而广博的学问。　亲民：“亲”通“新”，革新的意思。指引导人民弃旧图新。

【大意】

大学阐述的道理，在于发扬人心固有的光明德性，在于弃旧图新，在于达到最完善的道德境界。

【解读】

《大学》是一部以“德治”为指导思想，讲述如何“修身、齐家、治国、平天下”的政治哲学著作。据南宋学者朱熹考证，该文为孔子的学生曾子所作。在中华传统文化中，社会的治理与发展、文明程度的提高，都离不开个人品行的培养和提高。想要发扬“大学之道”，就必须加强道德修养、品德修炼，不断进行自我人格的完善和超越，为弘扬正气、弘扬美德、传播文明、树立理想而不断努力。

对当今从政者而言，发扬心中固有的光明的德性也是十分必要的，明德修身是营造良好从政环境的基础。此外，只有加强个人品德、社会公德、职业道德、家庭美德的培养，才能更好地参与社会的建设与治理，推进社会文明的进步。这句话常用来说明道德素质对社会文明建设的重要意义。



**教化立而奸邪皆止者，其堤防完也；教化废而奸邪并出，刑罚不能胜者，其堤防坏也。**

——《汉书·董仲舒传》

教化：即政教风化，特指良好的道德风俗。

【大意】

建立了良好的道德风俗，不好的行为举止就都消除了，这与坚固的堤防能够挡住洪水是一个道理；道德风俗废弛，不好的行为举止就出现了，即使用严厉的刑罚也无法禁止，这就像堤防毁坏之后挡不住水一样。

【解读】

董仲舒是西汉的儒家大师，主张以礼乐道德教化百姓，反对以严酷的刑罚治国。汉武帝曾向他询问治国之道，董仲舒在回答中指出：百姓趋利是天生的，就像水一定会从高处流向低处一样；要想阻拦水的流动就得借助堤坝，而要阻止百姓见利忘义则要靠提高他们的道德水平，也就是通过教化改变社会风气。于是，他提出了道德教化是立国之本的主张。

董仲舒这种强调德教的治国理念，如今仍有一定参考价值。我们强调以法治国，但这不意味着不重视对人民进行道德教育，不注意塑造良好的社会风气。事实上，道德是人际关系的“润滑剂”，也是人民自我约束的“制动器”，在某些时候甚至能起到法律所不及的作用。这句话现在通常被用于强调道德教化对于社会良好风气塑造的作用。



**礼义生于富足，盗窃起于贫穷。**

——汉·王符《潜夫论·爱日》

【大意】

人民富足，就会讲究文明礼仪；人民贫穷，就会为谋生而偷盗。

【解读】

儒家主张以礼义道德教化百姓，强调“礼”对于塑造良好风气的重要作用。王符作为一位儒家学者，不仅认识到了百姓守礼对社会发展的重要作用，更认识到了人的道德水准与社会经济状况之间的相互联系，因而提出了“礼义生于富足”的观点，这在当时是有其进步意义的。

的确，如果大多数人都能维持较为富足的生活水平，与经济有关的案件和生活纠纷就会减少很多，人的自身素质和社会道德水准也会得到相应的提高。而社会道德水准的提高，也能反过来促进经济的发展。这就是物质文明与精神文明之间存在的相辅相成的关系。这句话通常用来表述道德文明建设与社会经济之间的关系。

**不患位之不尊，而患德之不崇；不耻禄之不伙，而耻智之不博。**

——汉·张衡《应间》



【大意】

不担心职位不够尊贵，只是怕自己的道德不够崇高；不因俸禄不高而感到耻辱，却因自己的学识不够渊博而感到惭愧。

【解读】

张衡是汉代著名天文学家和文学家，但他官运不济，在被贬官后，很多人对其遭遇感到惋惜。张衡自己则以问答的形式写了《应间》一文，表明自己对此事的看法。当被问到“你能使机轮转动，木鸟自飞，却为什么不能飞黄腾达当大官”这个问题时，张衡做了上述回答。这句话既体现了他“居下位而不忧”的达观态度，又反映了他在仕途不畅时不自暴自弃，仍以“道德”“学识”为重的高尚人格修养。

今天看来，这句话仍有现实意义。地位和金钱只是外在表象，一个人的气质还是体现于他的知识水平和人格修养之中，而这

才是促使社会文明进步与发展的关键因素。社会的文明程度与百姓的素质往往成正比。这句话常用来激励人们要重视个人修养和才学。

## 百行以德为首。

——南朝宋·刘义庆《世说新语·贤媛》

【大意】

各种好品行中，道德是第一位的。

【解读】

此句涉及一个故事。三国时期魏国人许允的妻子相貌不佳，许允婚后不愿入洞房。后来，他听从桓范的劝导进了洞房，但很快就想出去。许妻拉住他的衣襟让其留下。许允便问妻子说：“妇女应该有四种美德（指妇德、妇言、妇容、妇功），你有其中的哪几种？”许妻回答：“我缺乏的只是容貌罢了。可是读书人应该有各种好品行，您有几种？”许允说：“样样都有。”许妻说：“各种好品行中首要的是德，可是您爱色不爱德，怎么能说样样都有！”许允听了，脸有愧色，从此夫妇俩便互相敬重。

道德通常是衡量一个社会精神文明发展水平的重要标志，个人素质与社会文明往往成正比关系。因此，我们应该注重培养自己的心态和气质，随时随地展现出良好的道德行为和个人修养，为加快社会主义文明建设贡献力量。这句话常用来告诫人们要重视和加强道德修养。

**泰阶既平，洪水既清，大人在上，区宇文明。**

——南朝宋·鲍照《河清颂》

泰阶：古星座名，因形如阶梯而得名。也借指朝廷。

【大意】

泰阶星平正，黄河水清，在高位者德行高尚，因此天下太平。

【解读】

古代认为泰阶星、黄河水清都是祥瑞之兆。鲍照提出物质繁荣，政治平稳，文教昌达这些祥瑞和圣人德行并行，都是四海升平的表现。因此圣人得以昭明文采，教化天下，实现盛世。当时，南朝社会经济有着很大的发展，为华夏文明的发展和传承做出了重要的贡献。



中华文明的独到之处正在于将物质文明和精神文明并行发展，正是文明的进步，使得我们获得礼仪之邦的美誉。这也是中国之所以能够立身世界民族之林的原因。这句话常用来歌颂太平盛世的文明景象。

**辱，莫大于不知耻。**

——《中说·关朗》

【大意】

最大的耻辱，在于不知道什么叫羞耻。

【解读】

《中说》是隋朝思想家王通的门人与其对问之书。王通家学渊源深厚，倡导儒学思想。他看到当时隋朝已初露衰败迹象却不自知，势必会被新的王朝取代，于是指出“知耻”不仅体现个人品德的高下，更是关系到国家的兴衰存亡。此后，他致力设学授徒，目的是为朝廷培养贤能之人以实现自己的报国理想。在他死后，他的学生魏徵、房玄龄等为新的王朝开启了“贞观之治”。

社会进步的标志就是文明的高度发达。在当时社会，王通能认识到“文以明道”，仁政兴国，具有进步的意义。此句常和“知耻近乎勇”一并使用，说明一个人只有懂得羞耻，才能自省自勉，奋发图强。当今倡导文明价值观，就是要我们做到“自知者明”，树立正确的荣辱观，不断照镜子，正衣冠，在与先进作对比中了解自身的差距。这句话常用来强调“知耻”对个人和国家的重要意义。

## 柔远俗以文明，慑凶奴以武略。

——五代·杜光庭《贺黄云表》

【大意】

用文治教化来安抚远方的人民，用军事谋略来震慑凶暴的敌人。

【解读】

黄云在古代被认为是有天子气的标志。在唐朝灭亡后，藩镇割据，社会动荡不安。而地处成都平原的前蜀，则承继唐初“与民休息”的政策，使经济、文化、军事都在相对和平稳定的环境下有了较大发展。作为前蜀重臣，杜光庭认为这是“天子气”的表现，于是建言为政之道应该不轻易发动战争，做到内修文德，外以武力威慑，以此谋取称王天下的大业。

这说明中国自古以来就有和平崛起的文化。中国梦的主题是和平发展，面对国际上的反对和不同声音，我们要用文化传达和谐的意愿，但也不承诺放弃使用武力。这句话活用《论语》中“故远人不服，则修文德以来之”，阐述了和平发展的为政之道。

## 礼义廉耻，国之四维。四维不张，国乃灭亡。

——《新五代史·冯道传论》

维：原指系物的绳索，引申为支柱、支撑。

【大意】

懂得礼节、道义、廉明、羞耻，是维系国家的四根支柱。这四根支柱得不到发扬，国家就会走向衰亡。

【解读】



欧阳修所说的这句话来源于《管子·牧民》。牧民，即治理民众。春秋时期的政治家管仲非常重视礼义伦理在治国安民中的作用，他在《牧民》一篇中开宗明义提出：“国有四维，一维绝则倾，二维绝则危，三维绝则覆，四维绝则灭。”寥寥二十四个字，道尽四维的重要性。接着他说：“何谓四维？一曰礼，二曰义，三曰廉，四曰耻。”由此可见，管子认为，一个国家的存亡，与社会文明息息相关，而社会文明则具体表现在人们的价值观上，如果像礼义廉耻这些正确的价值观得不到树立和发扬，社会必将走向堕落，而国家也终将会灭亡。

文明的方向决定着国家与民族的方向，这一道理我们并不陌生。“礼义廉耻”这一古人提出的价值观念对今天社会主义文明建设仍有实际意义。具体来说，礼指文明礼貌，知书达理，体现了人的教养。义指公道正义，光明磊落，反映了人的品格。廉指清廉高尚，奉公为民，突出了人的作风。耻指羞耻心，是做人的最起码的底线。这句话常用来形容讲文明的重要性。

**教化，国家之急务也；风俗，天下之大事也。**

——《资治通鉴·汉纪六十》

【大意】

教化，是国家最急迫的事务；风俗，是关乎国家命运的大事。

【解读】

中国的先贤，无论学派，不分时代，都主张建立良好的道德风尚。北宋著名史学家、政治家司马光，纵览古今，从历代史实中总结出一个道理：社会风气和民众道德对一个国家政权的巩固和社会的发展有着十分重要的作用。

国家的发展离不开道德建设，如果只顾物质文明而忽略精神文明，就会形成自私自利、目无法纪等不良社会风气，从而造成全民素质的落后，国家凝聚力的减退，这对于个人和社会都将是一场灾难。这句话通常用来警示后人要重视道德和精神文明建设。

**礼本是文明之理，其发便知有辞逊；智本是明辨之理，其发便知有是非。**

——宋·黎靖德编《朱子语类·孟子九》

【大意】

“礼”讲的是文明礼貌方面的道理，在心中萌发出来，这个人就懂得谦让；“智”讲的是明辨是非方面的道理，在心中萌发出来，这个人就明晓是非。

【解读】

朱熹发展了战国时期孟子“人性本善”的学说，认为每个人内心天生具有“礼”和“智”两种素质，所以他们能够谦逊待人、明辨是非。当然，这种理论的提出，并不是否定后天道德培养的意义和价值，而是要求每个人都发掘出自己天性中的“善”，去除后天受到的不良影响，从而实现道德的自我完善。

无论人天生是否“性善”，注重礼仪道德的培养和教育都不可忽视。让每个人去除内心的私心恶念，实现人格的升华，从而求得社会整体道德水准的提升，这是当今社会主义精神文明建设的目标。这句话通常用于说明每个人都应该重视道德建设对自己人格发展的重要作用。



**衣食以厚民生，礼义以养其心。**

——元·许衡《鲁斋遗书》

【大意】

衣食是用来让老百姓生活幸福的，而礼义是用来培养性情的。

【解读】

许衡号鲁斋，是元代初期的名臣，也是一位著名的学者。鉴于当时干戈扰攘、民生凋敝的情况，他一再向元世祖建议要重视农桑，广兴学校，认为百姓生活上的需求得到了满足，就不会再扰乱社会秩序，可以使国家走向稳定；而兴教育则可以加强道德礼义教化，培养人的心性，促进人的进步与发展。

“足衣食”和“明礼义”，代表了人类生活需求的两个方面：物质生活需要和精神生活需要。以满足两个需要而开展的认识世界和改造世界的活动，是社会进步的内在驱动力。精神与物质孰轻孰重，就个人而言，可能会有所偏好；但对于国家来说，物质文明与精神文明如同飞鸟的两翼，任何一翼“发育不良”都会造成严重后果。这句名言一般用来强调物质文明和精神文明相互促进、任何一方都不可偏废的道理。

**陶成雅器，有素肌玉骨之象焉。掩映几筵，文明可掬，岂终固哉？**

——明·宋应星《天工开物·陶埏》



可掬：多得可以用手来捧。

【大意】

陶土经人工制成了雅致的陶瓷器皿，有的像绢似的白如肌肤，有的质地光滑如玉石。摆设在宴席上交相辉映，所呈现的色泽质感，让人爱不释手，难道这仅仅是因为它们坚固耐用吗？

【解读】

这是作者看到瓷器取代传统的木质器皿而成为礼器这一现象，所产生的对文明的领悟。作者认为，在商周时代，礼器是用木制造的，无非是重视质朴庄重的意思罢了。随着陶瓷的出现，因为其所具有的冰清玉洁的质感，将其摆放在桌上显得文雅大方，于是陶瓷变成了新的雅器的代表。瓷器代替木器这件事表明了文明是不断进步的。

这句话给我们的启示是：社会在发展，文明在进步。新事物取代旧事物是符合自然和社会发展规律的。在当前全面深化改革的历史潮流中，我们也要勇于冲破思想观念的障碍，顺应潮流，与时俱进。思想僵化、固步自封，是会被时代所淘汰的。

**古之为治者，其法虽详，然不越乎养与教而已。**

——明·宋濂《长洲练氏义塾记》

【大意】

过去治理天下的人，虽然制定了细密、完备的法律，究其根本，不过就是生养与教育而已。

【解读】



明太祖时期的监察御史练埙在尹山澹台书院里设立义塾，聘请儒士为师，方便当地孩子求学。针对这件事，明代文学家、教育家宋濂有感而发写下了《长洲练氏义塾记》。他认为治理国家的种种手段，究其本源，不外乎是在解决生养与教育的问题。

这句话告诉我们，一个国家的富强，既需要坚实的物质基础来养育人成长，同时也离不开强大的精神支撑来教导人进步。《论语》里有个小故事：孔子到卫国，冉有给他驾车。孔子说："好多的人啊！"冉有问："人多该怎么办？"孔子说："让他们富裕起来。"冉有又问："富裕以后又该怎么办呢？"孔子说："教育他们。"孔子认为，治理国家先要富民，然后还要教化人民，使他们的道德高尚起来，教化才可以使人民真正富有。在今天的中国，"教"的工作显得尤其必要，社会急切需要道德之重建，需要一个好人有尊严坏人无市场的安全环境。这句话可以用来表达物质文明和精神文明的同等重要。

**文明者，有形质焉，有精神焉。求形质之文明易，求精神之文明难。精神既具，则形质自生；精神不存，则形质无附。然则真文明者，只有精神而已。**

——清·梁启超《文明之精神》

【大意】

文明有物质和精神两个层面。实现物质层面的文明容易，实现精神层面的文明困难。实现了精神层面的文明，那么物质层面也会相应实现；如果不能实现精神层面的文明，那么物质层面也很难达成。所以说精神层面的文明才是文明的本质。

【解读】

近代思想文化巨擘梁启超，以其深厚的学养，对世界文明发展表达了独到的见解。他认为西方文明中以科学为指导的物质文明，在给人类带来福祉的同时，也造成了难以克服的问题。当时过分强调物质文明的西方人，生活机械，忽略亲情，缺少精神生活，甚至一度引发了“精神饥荒”。由此，梁启超强调要从精神的角度来理解和重视文明，同时呼吁以重精神的东方文明去弥补西方文明的不足，实现东西互补。孙中山在《孙文学说》中也表达了与梁启超相类似的观点：“实际则物质文明与心性文明相持，而后能进步。”

梁启超和孙中山将精神文明提高到如此程度，是与当时的社会环境有关的。其实物质文明和精神文明谁重谁轻的问题，很难有一个定论。但是，我们必须承认两者缺一不可。如今，要实现中华民族的伟大复兴，就应该保持精神文明和物质文明的均衡发展。在建设物质文明的同时，守护好精神家园，丰富人民的精神生活。这句话常用来强调精神文明的重要性。

实现社会和谐，是人类追求的社会理想。和谐，指的是人与自然、人与人、人与社会相互依存、协调共进的良好状态。万类共存、相依发展是自然的和谐，团结友爱、齐心协力是集体的和谐，互相帮助、共同进步是朋友的和谐，琴瑟和鸣、互敬互爱是家庭的和谐，文明祥和、繁荣稳定是社会和国家的和谐。和谐是中国特色社会主义的本质属性，是国家富强、民族振兴、人民幸福的重要保证。倡导和谐的价值理念，构建社会主义和谐社会，体现了广大人民群众的根本利益和共同愿望。

“和谐”是中国传统文化的核心理念，最早见于春秋时期《管子·兵法》：“和合故能谐。”意为和睦团结就能协调。具体而言，古代的“和谐”观包括人与自然的和谐（天人合一、保护自然）、人与人之间的和谐（宽和待人、协调人际）、人的身心和谐（平和恬淡、不为物役）以及民族间国家间的和谐（和睦共处、协和万邦）。

今天，我们在继承传统和谐理念的同时，赋予了它更具时代意义的内涵。中国的发展依靠和谐，中华民族的复兴需要和谐，世界的交流互鉴离不开和谐。社会和谐人人参与，和谐社会人人共享。

清·区瑞《张敞画眉图》

## 百姓昭明，协和万邦。

——《尚书·尧典》

昭明：显明。

【大意】

明辨众族的政事，协调万邦诸侯。

【解读】

这句话形容的是尧帝的美德。《尧典》说：尧帝敬事节俭，明照四方，善治天地，道德纯备，温和宽容。他诚实尽职，又能让贤，光辉普照四方。他能发扬大德，使家族亲密团结。家族亲密和睦了，又明察其他各族的政事。众族的政事明辨了，又协调万邦诸侯，于是天下民众也随之变得友善和睦起来。随着历史的发展，这句话有了更大的引申，成为帝王治理天下的最高境界，指对内安抚人民，对外和睦外国。

中华民族自古尊崇“以和为贵”的国家关系。即使是在封建时期，历代王朝也罕有对外侵略等霸权举动，更多的是遣使交往，共谋和平，由是才诞生了世界闻名的“丝绸之路”，以及“郑和下西洋”等佳话。地球上各国与各民族，唯有和谐共存，互利互惠，才能走好发展之路，否则，只会在相互争斗中毁灭彼此。这句话常用来表达追求世界和谐的愿景。



## 保合太和，乃利贞。

——《周易·乾卦》

保合：保全、融合。　太和：阴阳化合之气，即太和之气。　贞：正直坚贞。

【大意】

太和元气得以保全、融合，这样就使物性和谐，各有其利，万物都能持久地成长。

【解读】

《周易》的哲学可以说是一门和谐的学问，其中“保合太和”的思想，揭示了天地万物因和谐有序，故能生生不已、恒久常新的易学原理。同时，也将和谐理念在中国传统文化中上升到了世界观和本体论的高度。

在人类发展史上，和谐是一种共同的价值追求。但在社会主义产生前，其他社会形态由于自身的局限，都不可能建立真正的和谐社会。马克思主义认为，只有社会主义制度才能真正实现社会的和谐和人的自由全面发展。党的十八大报告也提出了建设社会主义和谐社会的奋斗目标。这既是我们深入理解和谐内涵的政策理论依据，同时也是引领和谐行为的指路明灯。这句话用来说明天地万物和谐有序的真理。



## 礼典，以和邦国，以统百官，以谐万民。

——《周礼·天官·大宰》

【大意】

掌管《礼典》，用以协调天下各国，统御百官，使民众和谐。

【解读】

《周礼》相传为周公所作。该书通过介绍周代官制，描绘了古代儒家对理想社会的总构思，是中国第一部记载国家政权组织机构及其职能的书籍。书中提到西周的百官之首“大宰”，掌管着国家的六部法典，用以辅助天子治理国家。其中的《礼典》就是用来协调各国、统御百官，使天下万民得以和谐。

如今，构建和谐社会是社会发展的必然趋势。在社会主义现代化建设中，党和政府也努力把改革力度、发展速度和社会可承受程度统一起来，以改革促和谐、以发展固和谐、以稳定保和谐，从而为人民安居乐业、社会安定有序、国家长治久安提供保障。这句话说明，治国的重要目的之一在于使社会和谐。

## 万物负阴而抱阳，冲气以为和。

——《老子》第四十二章



冲：冲突而交融。

【大意】

万物背阴而向阳，并在阴阳二气的互相激荡中交融成新的统一体。

【解读】

阴阳是中国传统哲学里的一对基本概念。用辩证唯物法的观点来看，阴阳其实就是矛盾的代名词，而矛盾总在对立之中相互转化，最终实现辩证统一。老子认为，阴阳相互冲突而融合，会达到“和”的境界。可见，“和”是事物发展变化的最终形态。

对于今天的中国而言，和谐不是要取消各种差异与矛盾，不是追求“无差别境界”，而是使各种差异形成一种合力，形成一种良性的互动。认识差异、正视矛盾、化解矛盾，最大限度地增加和谐因素，才是建设社会主义和谐社会的要义。解决矛盾，不是非此即彼，而是要使矛盾双方对立统一，使差异相对均衡、相对中和。以和谐理念、和谐精神、和谐方法看待、分析、解决矛盾，把原则性与灵活性有机结合起来，才能达到良好的效果。这句话常用来形容矛盾的事物双方相互转化最终达到和谐的状态。

**妻子好合，如鼓琴瑟。**

——《诗经·小雅·常棣》

合：即“和”，和睦。

【大意】

夫妻之间感情融洽，就好像弹琴鼓瑟一样和谐美好。

【解读】



《常棣》是一首宴会时歌唱亲情的诗歌。诗中写道“妻子好合，如鼓瑟琴。兄弟既翕，和乐且湛。宜尔室家，乐尔妻帑”，意思是说，夫妻、兄弟、父母、子女都和睦相处，一家人相亲相爱，生活才能美满幸福。中国古代是宗法社会，家族成员往往在一起生活，因此家族内部关系的和谐，与家族的兴旺发达密不可分。

今天，“家和万事兴”仍然是中华民族乃至人类社会不变的主题。亲情家庭是个体发展的基础。“一屋不扫，何以扫天下”，不能处理好小家事务，就不可能处理好“大家”事务。在家庭之中，和谐是平衡各方关系的最高原则。这句话常用来形容夫妻之间和睦恩爱。

## 和合故能谐。

——《管子·兵法》

和：和睦。合：团结。谐：行动协调一致。

【大意】

和睦、团结能使人们的行动协调一致。

【解读】

这是“和谐”两字最早同时出现。春秋时期的齐国名相管仲，不但谙于政治，在军事上也颇有建树。他在谈及治军时指出，养兵以道，能使军队内部和睦；养兵以德，能实现军队内部团结。军队和睦团结了，行动就能协调一致，全军上下行动协调一致，作战就能无往而不利。

治军如此，治国也是同样的道理。只要国民和睦团结，就能举国同心、众志成城。因此，我们要深入挖掘和阐发中华优秀传统文化中关于和谐的优秀理念，积极吸取中华民族在处理身心关系、人人关系、族群关系等方面的和谐智慧，从而为社会主义和谐社会建设贡献力量。这句话旨在说明和睦、团结是社会和谐的基础，和谐的社会则是国家发展进步的保障。



## 礼之用，和为贵。

——《论语·学而》

【大意】

礼的推行和使用，贵在使天下和谐。

【解读】

这句话出自孔子弟子有若之口。有若是孔门七十二贤之一，颇得孔子思想的真传，被后世尊称为“有子”。春秋时代，周室衰微，原有礼制和社会秩序遭到破坏，臣弑君、子弑父的现象屡有发生。对此，有子提出“礼之用，和为贵”的主张，体现了儒家特别倡导的伦理、政治和社会原则。儒家学者认为礼的作用就在于增加人的文明性，缓和不同等级之间的对立和矛盾，提高社会的温情和谐度。而和谐正是古代圣明君王所追求的治国目标。

中国是礼仪之邦，有时候，一声“对不起”便能化解剑拔弩张的冲突，一句“不要紧”，便能给人送去温暖的春风。下到家规、校规，上到国家法律的制定，为的就是让每个人能够知礼节、懂荣辱，最终使社会变得文明、和谐。这句话常用来阐述礼仪与和谐的关系，以及和谐对于维护社会秩序的重要意义。



## 四海之内，皆兄弟也。

——《论语·颜渊》

【大意】

普天之下的人都像兄弟一样相处。

【解读】

春秋时期，孔子的弟子司马牛向师兄子夏诉说忧愁：“怎么别人都有兄弟，唯独我没有啊！”子夏安慰他说：“你只要做事用心、避免过失，对人恭敬、合乎礼节，那么普天之下的人都将是你的兄弟啊！” 此言一出，仿佛世间都充满了友爱与真情，人人都能成为兄弟与朋友。子夏的回答富含哲理，既是对司马牛的鼓励和安慰，

同时也具有普遍意义。如其所言，只有要求自己做人严谨谦虚，不傲慢失礼，才能很好地与人相处，他人才愿意同你交往。

“四海之内皆兄弟”体现的是一种宽大的胸怀和友善态度，用它来处理人与人之间，乃至不同民族、国家、宗教、文明之间的关系，会使其达到完美与和谐的境地。这句话常用来诠释实现和谐这一美好愿景的方式。

## 君子和而不同，小人同而不和。

——《论语·子路》

和：和谐，指有区别的部分能够实现矛盾的统一。　同：等同，指整齐划一、毫无区别。

【大意】

君子讲求和谐而不是完全等同，小人只求一致而不讲求和谐。

【解读】

“和而不同”是孔子思想体系中的重要组成部分。君子可以与他周围的人保持和谐融洽的关系，但他对待任何事情都先经过自己大脑的独立思考，从来不人云亦云，盲目附和；小人则没有自己独立的见解，只求与别人完全一致。对于君子与小人的区别，孔子曾言“君子喻于义，小人喻于利”，可以说这是“和而不同”与“同而不和”的根源所在。基于道义做出的选择，必然会坚持独立的思想与精神，在尊重彼此的前提下，不改变自我的操守；而纯粹为了追逐利益所做出的举动，自然毫无原则，表面看一团和气，内里则勾心斗角。

和谐并非无原则的一致。周恩来总理1955年出席万隆会议时曾提出一个国际交往准则：求同存异。世界丰富多彩，和谐意味着包容与理解，即使有不同的观点和意见，也并不意味着必然发生冲突。这句话多浓缩为“和而不同”这一成语，指在坚持原则的基础上，不强求一致，承认、包容乃至尊重差异，以实现共同发展。

**师克在和，不在众。**

——《左传·桓公十一年》

【大意】

军队克敌制胜在于团结一致，而不在于兵力众多。

【解读】



春秋时期，齐国与卫国、郧国、宋国等诸侯结盟，与楚国为敌。此时，郧国准备联合其他诸侯率先对楚国发动战争。楚国大将屈暇对此感到十分担忧。另一位大将斗廉则说，军队克敌制胜的法宝不是兵力众多，而是军队内部精诚团结，同仇敌忾。郧国军队是临时组建的，号令不一，矛盾重重。于是，楚国毅然出战，最终打败了郧国军队。

《团结就是力量》是中国家喻户晓的一首歌曲，可以说将这句古语的意义阐述得淋漓尽致。“兄弟阋于墙，外御其侮”，兄弟们虽然在家里争吵，但能一致抵御外人的欺侮。内部和谐，才能赢得对外作战的胜利，否则，堡垒必将最先从内部攻破。不仅是战争，在和平年代，国家民族内部的和谐稳定，同样是经济发展和社会进步的基础。这句话常用来指和谐是团队取得成功的关键。

**和实生物，同则不继。**

——《国语·郑语》

【大意】

不同的事物彼此融合，就会产生新的事物；所有的东西都一样，也就不会再融合与发展了。

【解读】

我国古代对于世界的起源与发展有很多猜想，西周时期的史官伯阳父认为：世间万物是由金、木、水、火、土等性质不同的基本元素融合产生的，而将相同的元素放在一起，则不会有任何新事物产生。这就是所谓的“和生物，同不继”。伯阳父对“和”与“同”的区分，是古代和谐观的雏形。

其实，我们所谓的“和”，并不是要求大家都完全一致，而是强调不同事物之间融合、共存的和谐关系。那种千人一面、众口一词的局面称之为“同”，“同”是一潭死水，难有发展。这就是我们提倡“和”而反对“同”的原因。这句话通常用于阐述“和”与“同”的区别，以及表达不同事物共存的必要性。



**不和于国，不可以出军；不和于军，不可以出阵；不和于阵，不可以进战；不和于战，不可以决胜。**

——战国·吴起《吴子·图国》

【大意】

国家内部不和谐，就不可以出动军队；军队内部不和谐，就不可以上战场；战场上不和谐，就不可以作战；作战不协调，就不可能取得胜利。

【解读】

魏国国君魏武侯曾与吴起讨论国家强大的决定因素。魏武侯认为，河山险峻，边塞牢固，就能使魏国称霸天下。吴起则表示，成就霸业不能只凭借山河的险固，随后他列举了历史上诸多事例，最后得出霸业“在德不在险”的结论，认为国家强大在于君王修明政治，上下团结一心。这与其战争决胜的关键在于内部和谐的观点相一致。

战争的每个环节都必须达到和谐，才能确保最终的胜利。世上任何一件事若想做成功，都要如此。和谐是事物的最佳状态，混乱无序，必然走向失败。建设社会主义和谐社会，也正是实现中华民族伟大复兴的前提和保证。而每个中国人，就是构筑和谐的因子，只有共同努力，才能达到和谐的目标。这句话常用来形容内部团结对战争取胜的决定作用。



**老吾老以及人之老，幼吾幼以及人之幼。**

——《孟子·梁惠王上》

【大意】

赡养自家老人时，也不忘照顾别人家的老人；抚育自家孩子，因此也爱护别人家的孩子。

【解读】

在战国时期，墨家和儒家在如何爱护别人的观点上是有分歧的。墨家认为，每个人都应该无条件的爱护其他所有人。儒家则主张推己及人，即先从爱护自己亲人的角度出发，体会到其他人也是

爱护各自亲人的，因而我们不仅要爱护自己的亲人也要爱护其他人的亲人。两个学派的理念虽有不同，但最终要达到的目的却是一致的，都强调了人与人之间应当和谐友爱。

如今，要构建社会主义和谐社会，就不能只顾自己或自家，而无视他人，我们应当心怀一颗善良之心，相互之间平等对待、和谐相处，把每个人当作自己的亲人一样来关心和爱护，为实现社会的和谐而贡献力量。这句话通常用于表达人与人之间友爱互助对构建和谐社会的重要意义。

## 天时不如地利，地利不如人和。

——《孟子·公孙丑下》



【大意】

有利于作战的天气、时令，比不上有利于作战的地势，有利于作战的地势，比不上参战人员的团结协作。

【解读】

天、地、人三者的关系问题古往今来都是人们所关注的。生活在战国时期的孟子，经历了诸侯国间的战争，于是从军事的角度来阐述天时、地利、人和之间的关系，观点鲜明地指出：国家不仅仅是靠高山险阻就可以保住的，关键要让国内民众上下齐心，团结一致，就是所谓的“人和”。而怎样做到“人和”呢？就是孟子一贯主张的要实行“仁政”。

常言说“人心齐，泰山移”。国家的建设离不开机遇和有利的形势，但民心的团结则是更为重要的因素，它为社会系统的正常运转和社会秩序的稳定提供了保障。这句名言常用于强调人民团结的和谐局面对国家建设和社会发展的重要作用。

**天地与我并生，而万物与我为一。**

——《庄子·齐物论》

【大意】

天地与我一起出现、一起生长，世间万物和我本为一体。

【解读】

《齐物论》是《庄子》的名篇。在本篇中，庄子将世间万物与作为本体的“我”等视齐观，认为本体与外物在形态、内容等方面虽有种种差异，作为存在的实质并无不同。本句就是全篇的主旨所在。庄子取消本体与外物的区别，把人和天地以及万事万物视为一个庞大的整体，体现了他“物我无别”的和谐思想。

从认识世界的角度看，庄子这种“天人合一”“物我一体”的理念，很适合用来指导今天我们探讨人与自然和谐相处的方式。如果能够体会到人类个体和自然联系的密切性，实现人与自然的和谐也就是自然而然的事了。这句话现在通常用来表述人与自然紧密联结、融汇为一的状态。



**子非我，安知我不知鱼之乐？**

——《庄子·秋水》

【大意】

你不是我，怎么知道我不知道鱼的快乐呢？

【解读】

庄子与朋友惠子一起游玩，看到水中的鱼，庄子说："它们真快乐啊！"惠子说："你不是鱼，怎么知道它们快乐？"庄子就用这句话回答了惠子。庄子对惠子作出如此的回答，不是徒逞口舌之辩，而是他真心认为人和动物甚至整个大自然之间存在共通的感受，只要用心去感觉，人能够理解鱼的快乐。这就是道家追求的"与天地为一"的境界。

这句话所表现的人与鱼之间感受的互通，实际也是人与自然和谐相处的一种表现。人是万物之灵，但也是自然界中的一个普通成员，从某种意义上讲，并不比别的自然存在更高贵。从这个角度来理解庄子的主张，对我们建设和谐社会，实现人与自然的和谐相处，有很重要的意义。这句话现在通常用来表示人与自然界万物的和谐联系。



**万物各得其和以生，各得其养以成。**

——《荀子·天论》

【大意】

万物各自得到了它（指天）的和气而产生，各自受到了它的滋养而成长。

【解读】

《荀子》中有《天论》一篇。荀子所谓的"天"，实际是指整个自然界。在荀子看来，"天"以阴阳二气化生万物，以风雨滋养生灵，万物蒙其福而无所知觉，根据自身需要和生长规律自由成长。这种万物各就其位、"自然而然"的发展方式，其实就是我们所说的世界层面的整体和谐。

“天人合一”“无为无不为”，不仅是我国古代学者的至高追求，在今天也仍具有重要意义。现代科技发达，我们可以通过技术来改变自然界的局部面貌，甚至能对自然界施加重大影响，但这不等于我们成了自然界的主人。滥用技术引发生态灾难的例子，近代以来已经发生过不知多少次，如果我们不能吸取教训，放低身段与自然界平等交流，未来人类还将重蹈覆辙。这句话现在用来表现世界万物都按自然规律运行的一种和谐状态。

## 以适听适则和矣。乐无太，平和者是也。

——《吕氏春秋·适音》



【大意】

以闲适的心情听适中的声音，就是和谐。音乐各方面都不能过分，平正和易才是好的。

【解读】

《适音》篇中谈到了一种和谐的状态，这种状态说的是音律的和谐，即所谓声音高低轻重适中。作者强调太平盛世的音乐才会如此的安详愉悦。但是，听到音乐产生感受的是人，再好的音乐，没有平静安宁的心态也无法欣赏，因此这种和谐状态最终还是欣赏者心态与音乐两者在一定情况下互相作用的结果。

对于今天的社会建设工作来说，这句话能提供一些启示。社会的和谐，关键在于要给人民以幸福的生活和发展的希望，使其能够长期保持平和的心态。如果这种心态不存在或者无法保持稳定，就失去了“以适听适”的前提。当然，有了好的心态，没有合适的政策，也无法实现社会的和谐，这大概就是“乐无太”的真谛。本句常用来解释和谐的奥秘。

**刚柔得道谓之和。**

——汉·贾谊《新书·道术》

【大意】

刚与柔结合得恰到好处，就称之为和谐。

【解读】

刚与柔在中国文化中是一组常见概念，早在商周时代就已出现。《尚书》中有“沉潜刚克，高明柔克”，《诗经》中有“柔亦不茹，刚亦不吐”，《周易》中有“刚柔相推而变化”等语，都指出刚柔之间对立统一的本质。西汉著名政治家、文学家贾谊则更明确地指出这一点。其后的学者也继承发扬了这一观点，东汉文学家王粲认为“刚柔相济，然后克得其和”，魏晋时期学者王弼也强调“刚柔各得其所，不相犯位”。

刚多易折，柔极易殆，唯有刚柔结合才是最佳状态。因此，一味逞强或示弱，都与和谐无关。对于个人来说，不卑不亢、自立自强就是“和”；对于国家民族来说，独立自主发展，在国际交往中不挑衅、不卑屈，就是“和”。这句话常用来指代刚柔并济的和谐境界。



**人不独亲其亲，不独子其子，使老有所终，壮有所用，幼有所长，矜寡孤独废疾者，皆有所养。**

——《礼记·礼运》

矜（guān）：同“鳏”，丧妻的男子。　寡：丧夫的女子。　孤：失去父亲的幼儿。　独：没有儿子的老年人。

【大意】

人们不只以自己的亲人为亲人，不只以自己的子女为子女，使老人能够安享天年，壮年人能够有施展才华之处，儿童都能健康成长，鳏、寡、孤、独以及有残疾的人都能得到供养。

【解读】

本句出自孔子和弟子言偃的一段对话。言偃在孔子处学习十分勤奋，遇到疑难问题常向孔子请教。一次，言偃陪孔子参加祭祀，仪式结束后，两人走到宗庙外面高大的建筑物旁边，孔子仰天长叹。言偃觉得十分奇怪，就问道：“老师为什么叹气？”孔子说：“我没有赶上夏、商、周三代英明人主当政的时期，可心里总是很向往啊！”接着他滔滔不绝地向言偃描述了一个唯才是举，人与人互相关爱，不同年龄、不同状况的人都能各得其所，夜不闭户、路不拾遗的“大同”社会。这在言偃的脑海里留下了深刻的印象。他后来在鲁国做官时，遵照师训，以礼乐教化人民，做出了成绩。



大同思想是孔子思想的重要组成部分，它不论在当时还是对后世，都产生了深远的影响。今天我们构建社会主义和谐社会，就是要求人与人之间互相尊重、互相帮助，社会安定有序而充满活力，政府以改善民生为重点，解决好人民最关心、最直接、最现实的利益问题，从而形成全体人民各尽其能、各得其所而又和谐相处的局面。这句话现在通常用于形容社会和谐安定的景象。

**治世之音安以乐，其政和。乱世之音怨以怒，其政**

**乖。亡国之音哀以思，其民困。**

——《礼记·乐记》

乖：背离、违背、不和谐。

【大意】

世道太平时的音乐充满安适与欢乐，其政治必然平和清明。乱世之时的音乐充满怨恨与愤怒，其政治必然荒谬。国家濒于灭亡时的音乐充满悲哀和愁思，百姓困苦无望。

【解读】

儒家思想认为，音乐是文明的组成，文明是社会的映射，从音乐中能够观察政治的兴衰。一方面音乐受社会治乱状态的影响，是社会治乱状态的反映；另一方面，音乐又反作用于社会的治乱状态，低俗的音乐使人颓废、使人堕落，从而社会暴戾；高雅的音乐则催人上进、催人仁爱，从而社会和谐。因此，孔子主张一国政治应当"放郑声、远佞人"，"郑声"指的即是淫乱低俗的音乐。

不仅是音乐，任何一种文艺作品都是如此，作品本身充满积极向上、健康乐观的内容，自然会向外传递正能量，反之，就会对社会产生恶劣影响。和谐社会，需要传播发扬的价值观应当是有益于人类、有益于国家民族进步发展的，只有自觉弘扬正能量，抵制不良文艺，才是对未来负责的举动。这句古语常用来形容政治对文明的影响作用。



**致中和，天地位焉，万物育焉。**

——《礼记·中庸》

致：达到。 位：位置，这里作动词用。

【大意】

达到中和的境界，天地便各在其位了，万物便生长繁育了。

【解读】

“中和”是儒学的重要范畴之一，历来有各种各样的理解，《中庸》第一章从情的角度切入，对中和作出基本的解释。按照本章的意思，一个人喜怒哀乐各种情感没有表现出来时，心中平静，不偏不倚，叫作“中”；表现出来后符合节度，无过不及，叫作“和”。达到中和，就意味着达到平衡；人人中和，世界便和谐了。这里讲的中和，实际就是中庸。前人说：“以性情言之，则曰中和；以德行言之，则曰中庸。”大体是正确的。

在儒家思想影响下，中国文明可以说是中和型文明。各安其土、彼此尊重，中正仁和、和平共处是中国对外交往的原则。在和谐中发展进步，是世界的共同理想，而争斗霸权，只会将文明拖入黑暗的深渊。这句话一般用来形容和谐是自然与人类所能达到的最高境界。



## 万物并育而不相害，道并行而不相悖。

——《礼记·中庸》

【大意】

万物同时生长而互不妨害，日月运行、四时更替而不相违背。

【解读】

在大自然的法则中，包容精神与和谐理念随处可见，中国古人用“万物并育而不相害，道并行而不相悖”这句话对此进行了概

括。作为中华文化的根基与标志，包容与和谐逐渐渗透到政治、经济和日常生活中，内化为中国人的思维逻辑，成为人与人、国家与国家之间的行事准则。

如今，将包容与和谐思想运用到政治、经济、社会的各项改革中，可以使资源得到优化配置，构建起宽松畅通的发展氛围与渠道，使人得其位、物得其所，更能破除社会僵化，消融阶层间的分歧和排斥。将其运用到外交中，则可以实现国家间的和平共处，进而促进世界的和谐与发展。这句话常用来强调包容与和谐思想是中华民族的内在精神。

## 执中和而原其终始，即位安而万物定矣。

——汉·袁康《越绝书·越绝外传枕中》



【大意】

掌握中正平和之道，以此作为行事的准则，就能保证地位的安稳，万物也就随之安定了。

【解读】

本句出自春秋时期越王勾践与大臣范蠡的对话。勾践问范蠡怎样做可以使国家昌盛，范蠡回答说："如果能够掌握'中和'，并将其贯彻到言行之中，国家自然就安定了。""中和"是儒家所倡导的"中庸之道"的核心内涵，要求践行者以平稳的心态和不偏不倚的态度处理问题。如果从政者能在各方面践行这一理念，社会渐渐就会变得和谐安定，国家的昌盛也就指日可待了。

范蠡所推许的"中和"理念，并不是一般人以为的和稀泥、当老好人，而是要求一切言行都以"适中"为准，不温不火，不过不失，同时也要坚守原则，不随风摇摆。只有具备这种“和而不同”的精神，既以和为贵，又敢于对不良现象进行批判，建设和谐社会才能有所成就。这句话现在通常用于解释中和之道的价值。

**心和则气和，气和则形和，形和则声和，声和则天地之和应矣。**

——《汉书·公孙弘传》

【大意】

（百姓）同心同德便会志向一致，志向一致便会行动一致，行动一致便会言论协调，言论协调则天下就会形成和谐的局面。



【解读】

公孙弘是西汉著名大臣，官至宰相。在职期间，他广招贤士，关注民生，并为儒学的推广做出了贡献。公孙弘一生最强调的就是“和”，认为任何事物都是对立统一的，而统一的基础便是“和”。他在回答汉武帝的询问时提出，在社会政治领域中，君主和百姓看似是对立的，但皇帝如果实行德政，百姓就会同心同德，百姓同心同德就会志向、行动、言论一致，最终实现天下太平的和谐局面。为此，他还提出了治国安民的八项主张，这八项主张实际上讲的是两个问题：一是国家要节俭，轻徭薄赋，爱惜民力，为百姓创造良好的生产与生活条件；二是朝廷用人要因任授官，任人唯贤，赏罚分明，使官尽其责，人尽其才。

公孙弘把“和”作为最高政治理想，他甚至将和谐带来的好处逐一罗列，如风调雨顺、五谷丰登、六畜繁衍、山林茂密、身体健康、兄友弟恭，等等。的确，安定和谐的环境和状态是人类生存、社会发展、政权巩固的前提，当今建设社会主义和谐社会，目的正在于此。这句话常用来强调和谐的重要意义。

**和羹之美，在于合异。**

——《三国志·魏书·夏侯玄传》

【大意】

烹调美味的羹汤，关键在于能够调和各种不同的滋味。

【解读】

三国时期，魏国大臣司马懿曾经向夏侯玄询问为政之道。夏侯玄先以制作汤羹为例，说道：制作美味的汤羹，关键是让不同材料的滋味相互融合，接着将其引申到从政上来，提出“上下之益，在能相济”的观点，意思是处理好上下级关系，关键是要能够协调不同的意见，相互学习，取长补短，最终达成一致。

夏侯玄“合异”“相济”的理念对于我们今天做工作的启发：首先，他认识到了上下级的观点不可能完全一致，且不主张异口同声；此外，他又强调作为上级，对下属的不同意见和观点不可一味地打压，而是要互相协调和借鉴。这才是和谐的真谛所在。这句话常用于解释和谐的真正涵义。

**志合者，不以山海为远。**

——晋·葛洪《抱朴子·博喻》

【大意】

志同道合的人，不会因为有山海阻隔而感到彼此距离很远。

【解读】

这句话的下一句是“道乖者，不以咫尺为近”，意思是志向不合的人，即使近在咫尺也觉得心离得很远。《论语·卫灵公》中有句“道不同，不相为谋”，比喻意见或志趣不同的人就无法共事。葛洪是东晋时有名的医药学家，道教学者，在中国传统文化中，无论儒家或道家，其思想体系中都蕴涵着丰富的和谐文化，认为人之间的和谐是不以距离远近来衡量的，和谐的基础是志同道合。

合作和发展是当今世界的主题。在我国参与的跨国合作中，常常会碰到地理位置相隔较远，经济发展阶段不尽相同，甚至政治制度也有差别的情况。我们发展国际合作，是为了推动国际关系民主化、推进人类社会的和平与发展，只要坚持这个共同的价值追求，不论肤色、地域，就能实现彼此的和谐发展，实现和平、共赢的愿望。这句话体现了我国和谐发展的文化底蕴和坚定决心。



**会心处不必在远。翳然林水，便自有濠、濮间想也，觉鸟兽禽鱼自来亲人。**

——南朝宋·刘义庆《世说新语·言语》

翳（yì）然：阴蔽的样子。　　濠、濮：即濠水、濮水。

【大意】

有所领会的地方不一定在远处，林阴蔽日，山水掩映，就自然会产生身处濠梁、濮水间的情趣和韵味，觉得鸟兽禽鱼主动来亲近人。

【解读】

“濠、濮”源自庄子的两个典故。“濠”指庄子与惠子濠梁“安知鱼乐”的故事，“濮”指庄子濮水钓鱼关于“此龟者，宁其死为留骨而贵，宁其生而曳尾涂中”的故事。后人以“濠濮”指称高人闲游之所。东晋简文帝一次游览华林园，突然想起了庄子在濠梁欣赏鱼之乐和濮水钓鱼的乐趣，就觉得周围的鸟兽禽鱼都自然地与人亲近，于是便讲了这番话。

这段话体现了古人与大自然亲和无间的状态，反映的是我国古代“天人合一”的哲学，即人和自然在本质上是相通的，所以一切人和事都应顺应自然的规律，达到人与自然和谐。这对我们今天重新审视人与自然的关系有着重要意义。现在的沙尘、雾霾无不是肆意破坏人与自然的和谐关系而导致的恶果。这句话常用来表达人与自然是相通的，应和谐相处。



## 异音相从，谓之和。

——南朝梁·刘勰《文心雕龙·声律》

异音：平仄不同的字。

【大意】

平仄不同的字组成句子，这就叫作“和”。

【解读】

我国古代将字音分为平、上、去、入四声，其中上声、去声、入声又合称为仄声，与平声相对。一句话中如果都是平声或都是仄声，听起来缺乏起伏转折，也就谈不到音律上的美感。南朝时期，文人习惯写对仗工整、上下句押韵的骈体文，讲究音声谐和、修辞华美。对此，文学理论家刘勰提出，将平仄不同的字精心安排在一起，才是音韵和谐的体现。

其实，这种来自“不同”的和谐，并不仅见于文学写作。乐曲由不同的音符组成，花坛由不同的花卉组成，画面由不同的线条和颜色组成……可以说，和谐的要义就在于把不同的元素以适当的方式结合起来，达到完美的效果，而不是一团混乱，千篇一律。这句话常用来表达和谐的真正内涵。

## 凡四气合德，四神安和，一气不调，百一病生。

——唐·孙思邈《千金要方·序例·诊候篇》

四气：指春、夏、秋、冬四时的温、热、冷、寒之气。



【大意】

温热冷寒四种气协调在一起，人的精神才能安定平和，如果其中有一种气调理不顺，就会引起多种疾病产生。

【解读】

唐代著名医学家、有“药王”之称的孙思邈认为人的生命价值贵于千金，而一个处方便能救人于危殆之中，因而他博取群经，勤求古训，并结合自己的临床经验撰成《千金要方》。这部书系统总结了唐以前的医学成就，被誉为中国最早的临床百科全书。书中特别强调了人体内在的和谐状态对健康的重要性，要求人们预防疾病从调节自身做起。

一个人身心的和谐可以保持健康，推而广之，人与人、人与社会、人与自然的和谐则可以保持社会的安定团结，促进经济、政治、文化建设的协调发展。这句话常用来强调和谐对个人乃至社会的重要性。

**君子守中和之心，养中和之气。既得其乐，又得其寿。**

——宋·司马光《中和论》

【大意】

道德高尚的人能够坚守中正平和的心态，培养中正平和的气质。如此则既可以享受生活的乐趣，又可以颐养天年、长命百岁。

【解读】

“中和”是中庸之道的主要内涵，“中”强调的是不因个人情绪而左右正见，“和”强调的是情绪表现出来的时候要恰到好处、无过而无不及。儒家认为如果人们的道德修养达到了“中和”的境界，那么天地万物就能各得其所，实现天下的和谐。到了宋代，司马光继承和发扬了“中和”思想，将其运用到实际生活中，写了《中和论》一文，其中阐述了“中和”与生活、养生之间的相互关系。

历史的经验反复证明：只有社会处于稳定、和谐的状态下，才有可能谋求发展，也才会有人民的平安幸福可言。而“中和”思想背后蕴涵的协调、有序、和谐的理念，对今天构建和谐社会有着重要借鉴意义。这句话常用于强调身心和谐所带来的积极作用。



**天地和则万物生，君臣和则国家平。**

——宋·刘清之《戒子通录》

【大意】

天地和顺则万物生长发育，君臣和洽则国家太平无事。

【解读】

历代政治家、思想家都十分强调“和”对于个人、家庭、社会和国家的重要作用。南宋著名理学家刘清之一生致力于教育，在朱熹的倡导下，他搜集西周至宋代有关家庭训诫的言论、诗文、专著，编纂了现存最早的一部集录式家训总集——《戒子通录》。其中提到了和谐可以使万物繁育、天下太平的道理。

崇尚和谐是中国自古以来的传统。从古至今，中国人对“和为贵”思想的论述和阐发不胜枚举。今天我们构建社会主义和谐社会，便是对中华民族“和为贵”思想的继承和发扬光大。这句话常用来强调和谐的重要作用。



**所贵乎舜者，为其能以孝和谐其亲，使之进进以善自治，而不至于恶也。**

——宋·朱熹《温公疑孟》

进进：奋力前进的样子。

【大意】

舜的行为是难能可贵的，他能通过自己的孝行使家人和谐，把家庭关系调理得很好，蒸蒸日上，而不至于向不好的方向发展。

【解读】

舜，相传是我国上古时期的贤明君主。他年轻时与父亲、继母和异母弟弟一起生活，他的家人性格暴戾，曾多次想置他于死地。当舜修补谷仓时，他的父亲在仓下纵火，舜手持两个斗笠从仓顶

跳下逃脱；当舜掘井时，父亲与弟弟却倒土填井，舜掘地道得以逃脱。事后舜毫不忌恨，仍十分孝顺父母，爱护弟弟。帝尧听说了舜的孝行和他处理问题的才干，就把两个女儿嫁给他；又经过多年观察和考验，最终选定舜继承他的王位。舜做了国君后，依旧对家人关爱备至，他的家人也受到感动，从此不再作恶。

家庭是社会的细胞，和谐家庭是和谐社会的基石。建设一个温馨和谐的家庭是社会的需要，也是每个家庭成员的共同责任。这句话以舜为榜样，旨在弘扬家庭和谐的美德。

## 天之寒暑，虽过不及，而消息盈虚，卒归太和。

——明末清初·黄宗羲《明儒学案·甘泉学案》



消息：生息与衰减，泛指盛衰、生灭。

【大意】

天气的冷热变化，纵然太过了也和差一点一样，都不完美，事物的盛衰变化，最终都归于平和。

【解读】

这是黄宗羲理气合一思想的表述。他认为，世界是一个生生不息的过程，而主宰这一过程的就是中和之气，它是世界万物的本质，调节世界发展的规律，又是世界万物发展的目的，即我们处在一个止于至善为目的的和谐世界，这就是他所说的天人合一。也就是我们今天所说的和谐之道。

和谐是中国传统文化的核心理念，实现社会和谐，自古以来就是人类追求的社会理想。在当今社会，倡导和谐的价值理念，构建社会主义和谐社会，创建和合文化，就是要包容、中正，追求守度、得当，越位和缺位都不合适。同时，不仅是在人与自然之间，人与人之间、国家与国家之间，都应以和谐出发点，才能实现共同发展。这句话体现了做人处事都要适度，遵循和谐。

# 自由
# 平等
# 公正
# 法治

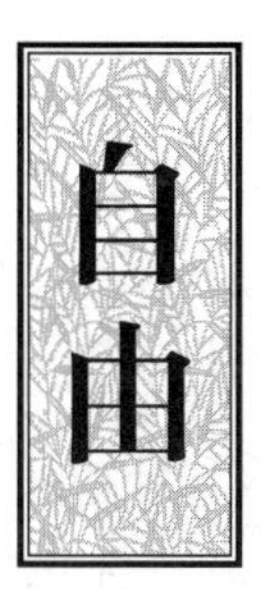

# 自由

自由是人类自古以来的价值追求。把“自由”作为社会主义核心价值观的关键词之一，反映了我们社会对人权利的尊重、对人尊严的呵护以及促进人发展的最基本的价值取向。作为社会主义核心价值观的关键词，自由有三个主要的价值维度。首先，自由是社会建设的目标；其次，自由是历史的价值取向；最后，自由是人的发展方向。自由又包涵着自然、自主、自觉三个层面。首先，人要按照本性去发展、按照天性去生活；其次，要让人能自己当家作主、自己做自己的决定；最后，人要遵循规律、遵循必然。

中国古代长期处于封建君主专制统治之下，广大人民是少有自由的。但是在中国传统文化中，对于自由的向往早已有之，自由的思想基础早已奠定。道家是中国古代自由的代表，老子倡导“道法自然”，庄子则以扶摇直上九万里的“鹏”作为自由的象征。儒家的自由是一种中道自由，孔子的“从心所欲不逾矩”，就是自由的最高境界。

对于传统文化关于“自由”的经典名句，要历史的、辩证的看待，要考虑它们产生的时代、背景，要结合当今中国的实际，在社会主义核心价值观的整体范畴内加以使用。

明·周臣《柴门送客图》

## 人法地，地法天，天法道，道法自然。

——《老子》第二十五章

法：效法、遵循。

【大意】

人类遵循大地的规律，大地万物遵循上天的规律，上天遵循道的规律，道遵循其自身法则。

【解读】

老子认为，“道”虽促成万物生长，却是无目的、无意识的，它“生而不有，为而不恃，长而不宰”，即不把万物据为己有，不夸耀自己的功劳，不主宰和支配万物，而是听任万物自然而然发展着。因此，不受压抑与限制的自然状态，就是“道”本身最大的规律。无论人类还是天地，在“道”的指引之下，最好的状态也正是自由发展。

每一件事物都有着它本身的天性和本质，每个人都有自己独特的思维方式和个性特征。党的十八大报告指出，要促进人的全面发展。而这一过程，就必然要在尊重本质、遵循规律的前提下进行。保持人自由的本性，扬长避短，而非以外力强行压抑干涉，用更贴切地话来表述，就是“以人为本”。2014年9月24日，习近平同志在纪念孔子诞辰2565周年国际学术研讨会暨国际儒学联合会第五届会员大会开幕会上，指出“中国优秀传统文化中蕴藏着解决当代人类面临的难题的重要启示”，其中就包含“道法自然、天人合一”的观念。这句话常用来形容人与自然、人与社会、人与自我之间圆满而自如的境界。

## 从心所欲，不逾矩。

——《论语·为政》

【大意】

随心所欲却不逾越规矩法则。

【解读】

追求自由是人的天性，儒家虽然强调对人进行道德教化与品行塑造，但并不代表舍弃自由。孔子说："吾十有五而志于学，三十而立，四十而不惑，五十而知天命，六十而耳顺，七十而从心所欲不逾矩。"意思是随着年龄的增长、阅历的加深和思想的成熟，对于事物、人生有了不一样的认识与感悟，最终臻至"从心所欲不逾矩"的境界，即不论做什么事情，都不会违反外在训诫律令和内心道德法则。



这样的境界无疑正是人格的高度自由，因为一旦达到心我合一、思想与言行合一的化境，也意味着再没有什么可以对自由构成束缚了。而这六个阶段的认识与实践历程也告诉我们，要实现"从心所欲不逾矩"的自由，必须经过长期的人格情操与道德修养的艰辛磨练。这句话常用来说明人身心自由的一种表现形式。

## 邦有道，则仕；邦无道，则可卷而怀之。

——《论语·卫灵公》

卷而怀之：收藏避祸，亦即"舍之则藏"的意思。卷，收。怀，藏。

【大意】

国家政治清明，那就积极出仕、有所作为；国家政治黑暗，那就

隐退藏身、有所不为。

【解读】

众所周知，孔子的一生几乎可以说是在颠沛流离、动荡不安中度过，面对生活的打击和人生的艰辛，他也曾失意、愤懑甚至痛哭过，但始终没有被击垮，始终保持乐观知命的磊落胸襟。这与他始终坚持人格上的独立、精神上的自由是分不开的。孔子将传播他的“道”作为毕生追求的理想，但这个理想并不是为了个人功名利禄，更不须为此去依附什么王侯将相、达官贵人，因此，尽管一再遭受挫折打击，他总能够以“君子坦荡荡”的无私无畏态度去面对，始终保持进与退的超然，即如果邦有道，则可为；邦无道，则不可为。

这种不邀宠于当途、不纠执于当下的人生态度，无疑是精神自由的高度体现。今天我们也常用这句话强调即使面对复杂的环境情势，个人同样可以也应当保持人生选择的自由。

**举世而誉之而不加劝，举世而非之而不加沮，定乎内外之分，辩乎荣辱之境，斯已矣。**

——《庄子·逍遥游》

劝：勉励。　辩：通“辨”，分辨。

【大意】

全世界都夸赞他（指宋荣子，战国时期宋国人），他也不为此受到激励，全世界都非议他，他也不为此感到沮丧。他能认清自我与外物的分际，辨明光荣和耻辱的界限，不过如此而已。

【解读】

逍遥，是庄子哲学中对自由状态的文学化描述，既可指身体的不受羁绊束缚，又可指心灵的自由放逸。庄子在《逍遥游》中以大鹏为喻，阐述了追求精神世界绝对自由的道理。在庄子看来，现实中的事物都相互联系，有所依凭，因此就不能得到绝对自由，唯有超脱现实之外，不受外物影响，才能得到无条件的精神自由。因此，可以不必在意外部世界对自己的评价。

在当今时代，庄子对自由的认识需要辩证地对待。人作为社会的动物，不能完全脱离现实而生活，因此并不能全然对外界的评价不管不顾，然而，保持自我独立的精神自由，不过分受外部观念影响，也是必要的。无论面对外界的称赞还是责难，都需要建立在清醒认识自我的基础之上，否则，只会随波逐流，迷失自我。毕竟社会主义公民需要独立完整的人格，而非没有自我意识的应声虫。这句话常用来形容精神自由不受外物干扰的状态。



## 鱼相忘乎江湖，人相忘乎道术。

——《庄子·大宗师》

【大意】

鱼游于江湖之中就忘记一切而悠悠哉哉，人游于大道之中就忘记一切而逍遥自适。

【解读】

作为道家学派的代表人物，庄子提倡自由闲适的生活态度。他认为人和鱼一样，都要有一个适宜的生活环境，与自然、社会融为一体才能获得幸福和快乐，这就是道家主张的自然无为。但这并不意味着自由可以毫无章法。道家主张的“道”，是指天地万物的本质及其自然循环的规律，这是自由的前提和基础。

我国古代长期处于封建专制统治中，自由是人民的奢求。现今社会，我们倡导自由，这是对人权的最大尊重。这句话常用于描述自由带来的幸福和快乐，但应辩证看待，不可因过分追求自由而破坏法纪。

**心者，形之君也，而神明之主也。**

——《荀子·解蔽》

【大意】

心是身体的主宰，是精神的主管。

【解读】

由于缺乏科学认识，古人以为心是人的思维器官，而现代科学已证明，大脑其实才起着这一作用。不过，那些与思想、情感、精神有关，含“心”的概念仍旧被后世所继承，如“心灵”“心旷神怡”等。荀子认为，人的一切行动都是由自己的心（即思想）所决定的，外力不能有所强迫。他说：心发号施令而不从什么地方接受命令。它自己限制自己，自己驱使自己，自己决定抛弃什么，自己决定接受什么，自己行动，自己停止。

自己主宰自己，从某种意义来说，即是自由。不受威胁，不受强迫，不受压抑，不受限制，按照自己的想法行动，确实痛快，然而是否就是自由的含义呢？荀子同样也认为，人性是需要用礼仪来规范的，因此，随心所欲其实并非真正的自由，本性固然应当得到尊重，但也需要接受来自外在世界的正确引导。当自我认识与外界规则趋于一致时，那样的“自禁、自使、自夺、自取、自行、自止”才是合理的。这句话常用来说明思维对人的行为有很大影响。

**唯天下至诚，为能尽其性；能尽其性，则能尽人之性；能尽人之性，则能尽物之性；能尽物之性，则可以赞天地之化育；可以赞天地之化育，则可以与天地参也。**

——《礼记·中庸》

参：古义通“叁”，即三。

【大意】

只有至诚恳切的人，才能尽力发挥他的本性到达极致；能尽自己的本性，就能尽知他人的本性；能尽知他人的本性，就能尽知万物的本性；能尽知万物的本性，就可以帮助天地万物培育生命；能帮助天地万物培育生命，就可以与天、地并列为三了。

【解读】

这句话是对“格物致知”思想的阐述。儒家追求天地人合一，即人与自然环境的和谐统一。要达到和谐统一，就必须从内心出发，由己推人地了解天地人的规律。只有参透了这个规律，并顺应它，真正做到“诚意、正心、修身”，才能获得大智慧，“从心所欲而不逾矩”。

“格物致知”体现了儒家朴素的世界观，认为人的最高境界是天人合一，即人与自然的和谐统一，才能有所发展。然而，现代社会不少人盲目追求西方的所谓自由，不愿意接受约束，违背规律，片面理解自由和发展的含义而误入歧途，造成了对自然、生态的破坏。这句话常用来阐明实现自由要遵循规律，并警告那些违背规律来谋求发展的做法。

**采山饮河，所以养性，非以求禄位也；放发优游，所以安己不惧，非以贪天下也。**

——汉·蔡邕《琴操》

【大意】

上山砍柴，喝黄河水，是用来修养性情，而不是用来求取俸禄爵位；披散头发在天地间自在悠游，内心安定就无所惧怕，不想贪图帝王之位。

【解读】

此句来自许由的《箕山操》，后被蔡邕收进《琴操》中。相传上古时代尧帝想要把天下禅让给许由，他推辞不就，逃到河南登封的箕山隐居起来，再也不愿意与世俗社会交往，并作《箕山操》表明自己淡泊名利、向往自由的人生追求。他重义轻利的崇高节操，赢得了后世的尊敬，被认为是追求自由的隐士鼻祖。

人类自古以来就将自由作为价值追求。它表明了对人权和个性价值选择的尊重。在我们的社会，对自由的尊重，就是对人、对社会建设、对历史发展的尊重。和谐社会的价值观，不是整齐划一，而是尊重差异性。中国梦的真意，是在法律和道德的前提下，让每个人能够实现自己的梦想，这才是真正的和谐。这句话体现了古人的一种自由观。



**矜尚不存乎心，故能越名教而任自然；情不系于所欲，故能审贵贱而通物情。**

——晋·嵇康《释私论》

矜尚：夸耀，自大。　　名教：名即名分，教即教化，名教即指以正名定分、教化百姓为内容的礼教，是儒教思想的重要组成部分，用以维护社会伦理纲常、等级制度。

【大意】

内心中不存有夸耀自大之念，因此能超越礼教，超脱自然；情感上不困扰于欲望追求，因此能看透富贵贫贱，通达世情。

【解读】

魏晋是中国历史上继春秋战国百家争鸣后第二个思想解放的时代。当时，司马氏集团在政治上对曹氏集团步步紧逼，在思想上以名教为旗号实施控制，并对不愿合作者加以迫害。以阮籍、嵇康等为代表的士人既不愿卷入政治漩涡，又无力改变现状，于是用清谈、饮酒、佯狂等行为排遣苦闷心情，并在思想上崇尚老庄，蔑视名教，主张玄学，追求精神上的自由。这句话所强调的“越名教而任自然”表达的正是这样一种人生哲学。在嵇康看来，人应当顺其自然本性生活，达到一种自然状态，一切外在礼教戒律乃至欲望追求都与这个本性、状态相背离，都应当予以超越。



嵇康的事迹和他的人格魅力在后世留下了深刻印记。如今我们探寻他的思想，固然不再有险恶环境的逼仄，但其追求自由、超越世俗的勇气仍值得我们为之钦叹。这句话常用来表达人们对自由的追求。

**久在樊笼里，复得返自然。**

——晋·陶渊明《归园田居》

【大意】

长时间地困居于官场囚笼中，如今总算能够重返自然、回归本心了。

【解读】

作为中国古代最著名的隐士以及田园诗派的开创者，陶渊明以其毅然决然的辞官行动向世人表明了自由对人多么重要。由于各种原因，陶渊明几次出仕，然而内心深处对自由的渴望一直在召唤着他，直到最后一次，他慨然长叹“吾不能为五斗米折腰，拳拳事乡里小人”，彻底远离了囚笼一般的官场，归隐还乡，与山水为邻，与自然相伴，赏秋菊，务农事，并写下诸多讴歌自由、赞美自然的诗篇。这句诗正是这种心迹的抒发。

我们知道，中国古代由于经济、政治、文化以及社会结构等因素，个人的职业选择是极其有限的，这也是“官本位”大行其道的重要原因。陶渊明的意义在于告诉我们，即便是在这种环境下，人生也可以有其他选择，并在选择中获得自由的乐趣与真谛。这句话常用来体现对自由的向往。



## 人生贵得适志，何能羁宧数千里以要名爵乎？

——《晋书·文苑列传·张翰传》

【大意】

人生最重要的在于使心志快意，怎么能够为了一官半爵，奔波千里不得回家，使自己闷闷不乐呢？

【解读】

西晋末年，江东人张翰远赴京师洛阳为官。当时已是“八王之乱”兴起并愈演愈烈之时，生性旷达、不拘名利的张翰对于政治愈加厌倦。这一年，秋风忽起，张翰不禁想起了家乡的菰菜、莼羹、鲈鱼脍，于是慨然长叹，说出了上面这句话，随后，说走就走，不辞而别。长官见他放荡如此，愤然将其除名。有人为此问张翰：“你虽然快活一时，难道却不曾想到后世留名？”张翰脱口回答：“使我有身后名，不如即时一杯酒！”

张翰出走洛阳不久，“八王之乱”以及随后的“五胡之乱”几乎将西晋政治精英屠杀殆尽，这时人们才深刻体会到张翰的见事之明。而他这句话，也告诉了人们，人生在世，除了功名富贵，还有很多美好的东西，包括自由，是更值得我们去追求的。



## 敬慎不败者，自由也。

——唐·孔颖达《周易正义》

【大意】

提高警惕、行动谨慎就可以避免失败，这就是一种自由。

【解读】

《周易》的意义在于穷究宇宙的变换，推测人事的更易，并予以规律性的概括。其实它里面还包含有自由的思想。虽然在原文中未见“自由”一词，但唐朝经学家孔颖达在对《周易》的注释中则点化出了这两个字。《周易·需卦》中说：“需于泥，致寇至。”需的意思是等待，这句话的意思是在泥泞中停留等待，引来了强盗抢劫。孔颖达在《周易正义》对此进行了解释，大意是人滞留于水边泥土中，虽然可能遭致祸害，但只要思想上警惕，行动上谨慎，不盲目从事，等待有利时机，就可以避免失败，这就是自由。

孔颖达提出的这种自由，是认识和掌握客观事物变化的自由，是和《周易》本身的思想相对应的。从哲学层面上讲，就是主观要适应客观，人们的认识和行为要自觉而积极地顺应客观环境和必然趋势，从而达到自由的境界。这一观点对今天仍有很强的借鉴意义。这句话常用来表达自由的一种实现方式。

## 安能摧眉折腰事权贵，使我不得开心颜？

——唐·李白《梦游天姥吟留别》

【大意】

怎么能够低眉弯腰逢迎权贵呢？这会让我非常不开心。

【解读】

在中国人心中，李白仿佛就是自由的象征。在《梦游天姥吟留别》这首诗中，李白带着人们遨游神山，历险涉奇，最后感叹：面对这自然的神奇造化，难道还不能荡涤心胸，难道还不能忘掉尘俗羁绊，难道还忍心委曲心志去换取那虚名假誉吗？

不论是“我本楚狂人，凤歌笑孔丘”，“仰天大笑出门去，我辈岂是蓬蒿人”，还是“长风破浪会有时，直挂云帆济沧海”，“人生在世不称意，明朝散发弄扁舟”，李白的诗里，充满了浪漫的气息、瑰丽的想象、神奇的意境。尽管他也曾探寻入世，但追求自由的天性、孤傲高洁的品格使他终究与宦途无缘，幸运的是，这却成了千百年后人们对他始终充满敬仰的深刻原因。这句话常用来表达人们心中对自由的态度和向往。

**雕笼终不恋，会向故山归。**

——唐·张祜《再吟鹦鹉》

【大意】

纵使这鸟笼再精美也毫不眷恋，仍然渴望着要飞向那家乡的深山中去。

【解读】

张祜是唐代著名诗人，人称“张公子”。一句“故国三千里，深宫二十年”使他成就诗名。在这首诗中，张祜借鹦鹉抒发感慨，纵是再精美的鸟笼，也囚禁不住鹦鹉追求自由的天性，以物喻人，难道不应值得人们深思吗？

锦衣华堂，却以失去自由为代价；拥有自由，却要面对未知的路程。鹦鹉的处境恰恰折射出自由与安逸之间的冲突。晚唐诗人齐己有诗：“今日笼中强言语，乞归天外啄含桃。”亦是借鹦鹉表达这一矛盾。那么，如何选择呢？相信每个人都会给出自己的答案，这里不妨看一看明代袁宏道的答案：“夫鹦鹉不爱金笼而爱陇山者，桎其体也；雕鸠之鸟，不死于荒榛野草而死于稻粱者，违其性也。异类犹知自适，何以人而桎梏于衣冠，豢养于禄食邪？则亦可嗤之甚矣！”这句诗常用来表达人们对自由的向往。



**君子安贫，达人知命。**

——唐·王勃《滕王阁序》

【大意】

道德高尚的君子甘于贫穷，乐观豁达的人顺从天命。

【解读】

孔子曾言："君子固穷，小人穷则斯滥矣。"此即"安贫"的源头。《周易·系辞上》有"乐天知命，故不忧"一语，此即"知命"的出处。理智而乐观的人能够正确对待人生，无论贫穷富贵，逆境顺境，都抱以一种平静从容的态度，实则就获得了精神的解放，达到了心灵自由的高度。

事物的发展变化都有一定的规律，尊重规律，顺应规律，是难得的大智慧。过多的欲望和追求，往往会扭曲本性，也会因之让自己的精神背上沉重的包袱，反而不能得到解脱。顺应规律，并非屈服命运，而是保持乐观平和的心态看待万事万物，因此不会受到外物的拖累，也才离自由的本质愈近。这句话常用来形容乐观豁达的人生态度。



## 拣尽寒枝不肯栖，寂寞沙洲冷。

——宋·苏轼《卜算子·黄州定慧院寓居作》

【大意】

不断地在寒冷的枝桠间逡巡，却不肯栖息于任何一棵树上，宁愿在寂寞清冷的沙洲上独自受风。

【解读】

林语堂在《苏东坡传》中说："我若说一提到苏东坡，在中国总会引起人亲切敬佩的微笑，也许这话最能概括苏东坡的一切了。"围绕苏东坡的故事传奇、情怀人格，仿佛单单"苏东坡"这三个字就能说明一切，就能引起人们会心的微笑。深受儒家思想影响的苏东坡，尽管积极投入现实政治，但在仕途受挫、遇谗遭贬的时候，性格中远离尘俗、追求自由的另一面便强烈地浮现上来，他宁肯“拣尽寒枝不肯栖”，宁肯“小舟从此逝，江海寄余生”，也不肯低头，不肯改变自己的理想。

人生之路总会遭遇坎坷，苏东坡的经历告诉我们，纵使前方“穿林打叶声”，只要不汲汲于富贵名利，始终坚守精神的自由天空，就能够坦然无畏，笑看人生“也无风雨也无晴”！这句话常用来表现自由的一种意境。

**大略如行云流水，初无定质，但常行于所当行，止于所不可不止。**

——宋·苏轼《答谢民师书》



【大意】

就像云的漂浮变换、水的不羁流动一样，最开始没有固定的形态，但往往都在应当顺畅发展的时候舒畅发展，在必须停止的时候就自然停止。

【解读】

苏轼这句名言，本意是指文章创作在该铺陈的地方浓墨重彩、大笔挥洒，在该简略的地方则惜墨如金、适可而止。后人从中得到启发，引申为事物应当顺应本性，自然流畅，自由自在，不受拘束，遵循本身规律而发展。

规律与原则是自由所必须尊重的条件，才有“当行”“当止”的限制。因此，自由其实也存在“约束”，即是其规律对自身的约束。把握规律，尊重程序，事物才能获得良好进步，反之，突破规律的边界，就会一发而不可收拾。1951年6月，中国派外交部副部长李克

农、乔冠华一行去朝鲜参加谈判工作。行前，周恩来总理对谈判工作作了全面的指示，并且引用了“行于所当行，止于所不可不止”这句古语作为强调，借此说明外交工作要围绕国家利益和总体目标，审时度势，张弛有度，以争取主动，做到游刃有余。这句话常用来形容尊重规律自由发展的状态。

## 向来枉费推移力，此日中流自在行。

——宋·朱熹《观书有感（其二）》

【大意】

早先浅水时，想尽办法来推船，实在白费力气；而水涨之后，船自然会跟随水流自由自在地航行了。

【解读】

《观书有感（其二）》全诗为：“昨夜江边春水生，艨艟巨舰一毛轻。向来枉费推移力，此日中流自在行。”乃是诗人从读书中得到体会，认为读书好比行船，在没有想通时感到苦恼，但一旦顿悟就豁然开朗。朱熹用这一哲理一方面是指悟道时豁然贯通的自在快乐，一方面借指事物在时势未到时徒然盲动也无济于事，但只要时机成熟就能畅通无阻。

现实中的自由是有前提的。不能尊重规律、顺应时势，往往只能白费力气，一事无成，只有当万事俱备、条件成熟，事物的前进才能乘风破浪、一帆风顺，到那时，方可言“自在天地”。因此，正确认识自由，要建立在正确认识自由所需条件的基础上，譬如人生存于社会中，自由的条件即是遵守社会的规则。这句诗一般用来指学习中顿悟的作用或事物需趁势而兴的道理。

## 内无所累，外无所累，自然自在。

——宋·陆九渊《语录下》

累：连带，引申为牵连。

【大意】

不受内在与外在的牵累，达到合乎自然而无拘无束的境界。

【解读】

陆九渊作为儒家“心学”一派大师，非常看重内心精神世界对人外在行为的影响。他接受了部分道家和佛学的思想，把“自然、自在、自得”作为修养的原则，认为一个人只有内外无累，超然自在，才可达到轻清灵妙的境界。而这种境界，正是人生的自由快乐所在。



无牵无挂、无拘无束，既不被外在事物所烦恼，也不被自己内心欲求所羁绊，就是理想中的自由。不被外界迷惑相对容易做到，但能够克服自我的内心欲求，就需要更高的修为。很多人感到自己不自由的根源，恰恰是由于在对自我的探寻上未能找到方法和路径。正如佛教所言，放下才是解脱。超越了自我，才能更接近真正的自由。这句话常用来形容精神自由的最高境界。

## 浮生六十度春秋，无辱无荣尽自由。

——宋·杨公远《始生书怀（其二）》

【大意】

回望人生度过的六十年浮沉风雨，既没有荣耀，也不曾受到侮辱，但所拥有的却是珍贵的自由。

【解读】

杨公远生活在宋末元初，一生不恋仕途，专事诗画。除此句外，他还曾写下“任渠名利浓于酒，雇我情怀淡似秋”，“钟鼎虚名虽是贵，箪瓢陋巷且安贫”等诗句，如啜饮清酒，淡香余味，不可忘绝。这句诗是他在花甲之年所作，回看人生似乎风平浪静无辱无荣，但联系到当时的时代背景，他自然不可能远离战火纷争，但正因为保持宠辱不惊的心境，才使他获得乱世之中的宁静与自由。

人生路途千千万，杨公远的选择自然不是唯一，那种“知其不可为而为之”的进取态度或许更值得我们钦佩。如果说自由包括“积极自由”与“消极自由”，杨公远的意义在于，即使我们面对迷乱难以抉择，即使不能做到挺身而出，但独善其身、不参与作恶，却应当成为人生的底线。这句话常用来表达实现身心自由的快乐感。



**自得者不累于外物，不累于耳目，不累于造次颠沛，鸢飞鱼跃。**

——明·陈献章《赠彭惠安别言》

累：连及，牵连到。 造次颠沛：居无定所，生活困顿。

【大意】

真正自由的人，不会受外界事物的影响，不会被视听所干扰，不会因生活困顿而烦伤，也不会被自然万物的活动所打搅。

【解读】

陈献章是明代著名思想家、教育家、书法家和诗人。因在白沙村居住，时人称其为“白沙先生”。他开创了名噪岭南的江门学派，主张学贵知疑、独立思考，提倡自由开放的学风。陈献章眼中的自由，是一种主体的自由，强调心对自然与社会规律的把握，认为将代表个人本体的心与代表自然社会规律的道相结合，才是达到了“天人合一”境界的真正自由。

这种自由的要义，是强烈追求个人主体意识的认知，这种自由抛开了功利之心和外界干扰，可以让人控制自己的心体，从容得体地应对一切事物，这在当下纷繁复杂的社会环境中更加值得借鉴。这句话用以阐述自由的内涵。

**不见五陵豪杰墓，无花无酒锄作田。**

——明·唐寅《桃花庵歌》



【大意】

你可见那历史上赫赫有名的豪杰壮士，如今连坟冢都已不存，只犁为田地，哪像我今天这般赏花饮酒尽是洒脱。

【解读】

一个很有意思的现象，很多深受百姓喜爱的民间故事主人公，往往都是科场不如意者，唐伯虎就是其中著名的一个。或许是仕途之门在他们面前关闭，反而使他们能够从功名富贵中解脱出来，不仅能够看到世间万物的美好，而且能够抵达心灵，发现精神世界的丰饶。在绝意科举后，唐伯虎纵情山水、寄意笔端，这首诗就是他自由心境、真纯性情的表达。多少五陵豪杰，生前奔波名利，死后不过一抔黄土，因此他唐伯虎“不愿鞠躬车马前，但愿老死花酒间”！

唐伯虎的人生，固然有无奈，有激愤，有时代的悲剧色彩，但何尝不是人生的另一种幸运。正如我们今天读这一句诗，固然要去除其中的消极因素，但他对于自由的探寻、关于人生的哲思，却是不可忽视的。

**狂者志存古人，一切纷嚣俗染，举不足以累其心，真有凤凰翔于千仞之意。**

——明·王阳明《顺生录·年谱三》

千仞：古人以八尺为一仞。形容极高或极深。

【大意】

勇于进取的人，他的志向与古人看齐，外界尘俗所有的纷乱喧嚣，都不能干扰他的内心世界，就像凤凰在高高的天空上翱翔那般不受拘束。

【解读】

狂者，在儒家思想中并非指癫狂错乱的人，而是带有褒义。孔子曾说：“不得中行而与之，必也狂狷乎，狂者进取，狷者有所不为也。”意思是如果不能达到中庸之道，那么做到狂狷也是好的，狂者敢作敢为，狷者洁身自好，性情耿直，对有些事是不肯做的。因此，王阳明也将狂者提到相当高度，认为狂者能够达到内心自由的境地，不被外在事物所污染和干扰。

当今时代，纷繁复杂，与其被外界同化，随波逐流，不如保持自我独立，做“狂狷之士”，净化精神世界，寻求心灵自由。“现代病”往往容易使人有空虚浮躁之感，而唯有追求精神的自由能够抵御。始终保有进取之心，不受外界影响，也就是人们常说的“走自己的路，让别人说去吧”。这句话表达了勇于进取者对自由的追求。

## 丈夫当朝碧海而暮苍梧，岂以一隅自限耶？

——明·陈函辉《徐霞客墓志铭》

【大意】

男子汉大丈夫，应当志在四方、遍览河山，朝临碧海边，暮登苍梧山，怎么能将自己困锁于小小方寸中呢？

【解读】

壮美的山川，奇秀的风光，总能够开阔人的胸襟，使人在“造化钟神秀”的遨游中到达自由的境界。这也是古往今来无数人钟情山水、甘之若饴的原因。用现在的话说，徐霞客就是古代的一个著名“驴友”。他很早就立下遍览祖国山河的雄心壮志，渴望朝临碧海边，暮登苍梧山。一部《徐霞客游记》不仅记录下祖国大好河山的风光胜景，更给予人勇气，鼓舞人们像他那样，在大自然的历险涉难中获取精神的自由与奔放。

几千年前，先民就为我们留下“日之夕矣，牛羊下来”的牧歌田园，如今，在追求现代文明与物质欲望的社会里，静下心来，停下脚步，重温那阔别已久的天地大美，放飞心灵的自由，对于城市钢筋水泥包围下负重前行的人们，或许，值得一试。这句话表达了有志之士对自由的向往和追求。

**心无物欲，即是秋空霁海。**

——明·洪应明《菜根谭》

霁：雨雪停止，天放晴。

【大意】

人的内心假如不被物欲蒙蔽，他的情绪就会像秋天的碧空和平静的大海那样开朗自由。

【解读】

晚明学者洪应明，早年热衷于仕途功名，晚年则归隐山林，参禅修道。他糅合儒释道三家思想，结合自己丰富的社会体验，完成了一部反映生活伦理思想的著作——《菜根谭》。书中以富含哲理的名言警句教予世人出世入世之法及为人处世之道，内容发人深思。这句话意在说明过清心寡欲的简朴生活，才能使自己更接近生活的本质，能呈现出身心的自由。

物欲是影响人们身心自由的重要因素。生活中，我们会发现，一个欲望得到了满足，很快又生出另外一个，而如果欲望得不到满足，便会心生烦恼，满怀沮丧。其实，这完全是"庸人自扰"，只要我们以一颗不屈从于诱惑的自由之心来面对一切，用丰富精神生活来代替贪恋物质的欲望，就可以实现人生的快乐。这句话常用来说明合理地控制欲望是通向身心自由的重要途径。



**野人之性，视宫殿如樊笼，不如秀才家得自由也。**

——清·蒲松龄《聊斋志异·巩仙》

樊笼：指关鸟兽的笼子。樊，篱笆。

【大意】

在村野之人看来，王府宫殿如同关鸟兽的笼子一般充满禁锢，不如在平民家居住显得自由。

【解读】

志怪小说《聊斋志异》中讲述了一个巩仙的故事。巩仙是一位修仙的道人，扶危济困，法力高强。鲁王仰慕他的道行，想请他去王府居住。巩仙却认为王府中规矩众多，太不自由，还不如住在他秀才朋友的家里。可见，在鲁王眼中，王府生活舒适安逸、自由自在；而在巩仙眼中，王府生活却充满了禁锢，如同牢笼。

每个人对自由都有着不同的理解和态度，自由观念也因社会性质和国情的不同而有差别。西方所推崇的自由，产生于西方社会历史发展的背景下，其理念照搬到我国未必适用。当前我们追求的中国社会主义自由观，是在中国人民实践的基础上产生的，符合中国的国情和现实。这句话旨在说明自由的相对性。



## 有瑰意与琦行，无捷径以窘步。

——清·吴敬梓《移家赋》

【大意】

既然已拥有璀璨的文采、高洁的品行，又何必在功名路上孜孜以求，使自己困窘万分呢？

【解读】

科举制的建立，起初有利于实现选人的制度化与促进社会阶层流动，但后来却逐渐变为扼杀人们创造力的桎梏，使千百万读书人苦耗光阴、皓首穷经。但也有不少人在落第之后幡然醒悟、转揭

其弊，吴敬梓就是其中一位。他并没有被科举束缚人生，而是毅然决然中脱身而出，这句话便是他充满自信的自述：对于人生他自然有他的理想，绝不愿做功名路上的不归人。

吴敬梓以如椽之笔将科举制所带来的人性扭曲、道德沦丧写入名著《儒林外史》中。在对各色人物的褒贬批判中，他深刻指出了原本应该担当有为的读书人却被囚禁在功名富贵的牢笼中，不仅失去了立身的自由，更失去了精神的自由。我们今天看这句话，不仅要敬佩吴敬梓的人生选择，更应领悟那种自信、自由的人生态度。

**丈夫贵独立，各以精神强。**

——清·袁枚《题宋人诗话》



【大意】

有志气的人就要崇尚独立，坚持自由自主的精神。

【解读】

仕途功名就像一座围城，外面的人想进去，里面也有人想出来。与陶渊明类似，天生名士气质、终身热爱诗文与生活意趣的袁枚，同样误入仕途尘网中。袁枚在写给友人的信中曾说，官场迎来送往如同“为大官做奴耳”，而民生安抚却无人顾念。既不能纾解民困，他更不愿耗费时光，于是毅然辞官，宁做精神独立的伟丈夫，也不做唯唯诺诺的小官吏。

其实，衙门未必便不自由，只是衙门里诱惑最多，羁绊也最多，往往让人难以解脱。自由的真谛首先是自由地做出选择，其次是不管做何选择，都不能迷失心志，都要保持自主、自足的心境。正如古人说“名教中自有天地”，只要能够贵独立、精神强，即使身处仕途，同样能够拥有自由，这也正是这句话的现代意义。

**天下无纯粹之自由，亦无纯粹之不自由。**

——清·章炳麟《说自由》

【大意】

世界上没有完全的自由，也没有完全的不自由。

【解读】

章炳麟，号太炎，近代著名学者、革命家。他一生经历了戊戌维新运动和资产阶级民主革命两个历史时期，经历坎坷。辛亥革命后，他退居书斋，钻研学问，粹然成为一代大师。自由作为现代性的核心观念之一，自然也被章太炎所关注。加之他本人曾因言获罪，入狱三年，因而对自由问题尤为重视。在章太炎眼中，自由是相对的，普天之下并不存在完全的自由。



马克思主义自由观认为，世界上不存在不受任何限制的绝对自由。作为马克思主义的终极追求、社会主义的内在逻辑、改革与发展的源头动力，自由总是受各种社会因素的制约。在倡导和促进自由的实现上，必须从中国的实际出发，这对于推进中国特色社会主义事业有着重要意义。这句话常用来阐明自由的相对性。

**人得自由，而以他人之自由为界。**

——清·严复《群己权界论》

【大意】

一个人追求自由，应当以不妨碍别人的自由为界限。

【解读】

严复是近代第一位将现代“自由”概念引入中国的学者。传统文化中，自由一般指自然而然的哲学状态；但现代文明中的“自由”概念，多为政治学的专用名词，指人所享有的权利。严复认为自由是“生人所不可不由之公理”，即“人生来是自由平等的”，但同时也强调个人自由的实现要以不侵犯其他个人与群体的自由为前提。

对自由最大的误解，往往在于以为自我可以不受任何限制，想做什么就做什么。而严复阐释的这一定义，正是对现实中自由权利最准确的界定。1789年法国《人权宣言》就指出：“自由即有权做一切无害于他人的任何事情。”自由是相对的，而不是绝对的，只有自我约束、自我限制，在一定的范围内行动，由此获得的自由才是完整的，否则，以他人的不自由来作为换取自我自由的代价，也就彻底背离了自由的含义。这句话常用来指社会学意义中自由的相对性。

平等，是一切文明所共同珍视、追求的社会价值目标之一。把“平等”纳入社会主义核心价值观，作为社会建设的目标，说明平等是社会主义本质性的特征，实现人人平等是社会主义的核心价值追求。平等具有客观性、历史性和相对性。在人类发展历史中，平等的内涵和外延始终在不断变化。从现代意义来说，平等意味着每个公民享有同等生存权利，得到同样人格尊重，拥有同等发展机会，让所有人共享社会改革发展的成果。当然，实现平等需要一个漫长的过程，需要分析现状，然后脚踏实地，一步步去奋力实现。



中国自古以来就崇尚平等，历史上产生过不少有关平等的思想。有社会宏观层面的制度平等，有个人实际层面的人格平等，有生命自然层面的众生平等。儒家“天下大同”的设想、道家的“玄同”理念、法家“刑无等级”的制度、墨家“兼爱非攻”的主张，都凸显了平等的价值和意义。

需要注意的是，在讲究亲疏远近、尊卑贵贱的古代社会，“均平”的含义与当今倡导的“平等”并不完全相同，更没有实现真正的“人人平等”。今天我们探讨传统文化中的“平等”，需结合具体的背景和条件来讨论。

明·吴彬《孔子杏坛讲学图》

**塞其兑，闭其门；挫其锐，解其纷；和其光，同其尘。是谓玄同。**

——《老子》第五十六章

兑：孔洞，穴窍。

【大意】

堵塞欲望之窍，关闭钻营之门；挫去锋芒，解脱纷扰；蕴藏光彩，混同尘俗。这就达到了与道合一的境界。

【解读】

在老子看来，圣贤之人与世间寻常人在表现上没有差别，即使是圣贤，也不应该光彩四射、令人仰视。因此他提出上述观点，指出圣贤之人如果能放低自己，做到“挫锐”“解纷”“和光”“同尘”，那么人我之别、地位之别、知识之别也就自然而然地消失了，世界就会实现“玄同”。老子所追求的这种境界，带有人人平等的意味。

每个人不论身份高低、财富多少、学问深浅、年龄大小，在人格上都是平等的。那些自视甚高，自以为高人一等之人，首先在道德素质上就已经输人一等，何论其他。人与人之间应该收敛锋芒，以平和、平静、平等的心态交往、相处。这句话通常用来形容人与人之间平等相待的处世之道。



**天之道，损有余而补不足。**

——《老子》第七十七章

【大意】

大自然的规律，遵循的是减少多余的以补给不足的。

【解读】

老子通过对自然界和人类社会的观察，得出了这样一个结论：大自然总是以有余而补不足，来保持生态的平衡，但人类社会却截然不同，是减损原本就贫穷的来供奉有富余的。的确，老子生活的年代，礼崩乐坏，社会贫富分化和阶级压迫日益严重，人与人之间的地位不再平等，贫穷者沦为底层，富裕者却高高在上。基于此，老子希望有得道之人出现，将社会治理得如同大自然这般平衡发展。

平等是中国特色社会主义的本质要求。当前，我国政府制定一系列政策，加强和完善公共财政制度、收入分配制度和社会保障制度，对生活贫困者进行救助，目的就是为了逐渐缩小贫富差距，以有余来补不足，从而实现社会发展的平衡。这句话常用来强调社会的发展要以追求和实现平等为目标。



## 夫仁者，己欲立而立人，己欲达而达人。

——《论语·雍也》

立：立足。　达：显达。

【大意】

所谓“仁”，就是自己能够立足之时，也不忘让别人能够立足，自己出人头地之时，也不忘让别人能够出人头地。

【解读】

孔子是最提倡“仁”的，他对“仁”作出过不少解读，“己欲立而立人，己欲达而达人”就是其中之一。仁者兼顾“己立”与“立人”、“己达”与“达人”，既保障自己生存与发展的权利，也不忘记给别人以生存与发展的机会。孔子称道这样的做法，主要是看重其在生存条件和发展机会方面能够做到人人平等。

如今，每个人发展机会的平等作为通往社会正义的路径和原则，在政治伦理的框架当中占有基石般的地位。实现中国梦，就是要让中国人民“共同享有人生出彩的机会，共同享有梦想成真的机会，共同享有同祖国和时代一起成长和进步的机会”。这句话常用来表达每个人都应该享有共同生存、共同发展的平等机会。

**有教无类。**

——《论语·卫灵公》



【大意】

施行教育没有对象上的区别。

【解读】

孔子之前，只有贵族子弟才能得到教育。春秋战国之际，虽然各诸侯国纷纷兴办学校，但总体而言平民子弟仍与教育无缘。孔子是私人办学的先驱，他提出“有教无类”的主张，即不论尊卑、贵贱、贫富，都有接受教育的权利。教育的普及，打破了贵族对文化的垄断，为文明的拓展、传承、发扬创造了条件。

教育平等是平等的一项重要内容。用现在的话说，没有教育的平等，就失去了起点的平等。这也正是“有教无类”这一思想影响至今的深刻原因。这句话常用来表达人们应该有平等接受教育的权利。

**不患寡而患不均，不患贫而患不安。**

——《论语·季氏》

【大意】

不担心少，而担心分配得不均衡；不担心生活贫苦，而担心社会动荡不安。

【解读】

总的来说，儒家强调等级、贵贱、长幼，其影响下的传统中国也被称为差序社会，但这并不代表儒家就不讨论、不重视平等问题。这句话集中反映了儒家关于平等的基本看法。从中可以看出，孔子在谈论平等时，立足点是以民本为基础的，即反对因贫富悬殊导致百姓不安、社会不宁。事实上，不论是讲等级还是谈平等，在儒家看来，这些都是手段而非目的，目的是为了使百姓安乐。因此，不能将这句话简单理解为平均主义。



今天，我们需要赋予这句话新的内涵。例如，发展的目的是什么？如果发展的成果不能全民共享，促进平等，反而造成贫富悬殊，所谓“朱门酒肉臭，路有冻死骨”，这样“不均”的发展一定程度上比“寡”还令人“不安”！这句话常用来强调平等的重要性。

**官无常贵，而民无终贱。有能则举之，无能则下之。**

——《墨子·尚贤上》

【大意】

为官者不会永远富贵，百姓也不会永远贫贱。有能力就任用他，没有能力就将他罢免。

【解读】

与儒家相比，墨家的平等思想更多也更具批判性。与儒家强调等级贵贱不同，墨家明确提出“官无常贵，民无终贱”，即使是“在农与工肆之人”，只要有能力，就应当把他们选拔上来，授予他们爵禄，让他们任职决事。一般认为，商周之时，选官实行世卿世禄制，政权基本由世袭贵族所垄断。在这个背景下，墨家提出不论贵族还是平民，“有能则举之，无能则下之”，就带有很强的冲击力与革命性。

值得注意的是，除了“能”，墨家还借助“天”，提出“天下无大小国，皆天之邑也；人无幼长贵贱，皆天之臣也”，这一方面将平等扩大到国与国之间，另一方面与我们今天所说“人天生而平等”，可谓暗合。因此，我们今天也常用这句话强调社会阶层之间并不存在不可逾越的鸿沟。



**天地万物与我并生，类也。类无贵贱，徒以小大智力而相制。**

——《列子·说符》

【大意】

万物与我一起生活在天地间，大家都是生灵中的一类。各类之间没有贵贱之分，只不过因为力量大小、智力高低不同而导致有的类别可以控制其他类别。

【解读】

《列子》是一部道家著作，其主张主要是空、静、无为，提倡独立处世，修身养性。本句将“天地万物”与作为人类代称的“我”相提并论，指出各个物种之间之所以有互相统治、互相捕食的现象，是因为各物种的天然条件不同，而不是因为某个物种更高贵。这就打破了古代常有的“人类得天独厚”的观念，改以一种平等的眼光看待人与自然的关系。

本句提出万物之间没有贵贱之分，人类能够“统治”自然，只是因为他们的智慧比其他物种更高，这种平等思想在当时是很先进的。今天我们通过长期的研究与考察，认识到各个物种都是自然界中的一环，人应该平等地对待万物，与其和谐相处，而不宜站在“统治者”的立场上肆意开发和改变，这与本句传达的思想有异曲同工之妙。这句话常用于表达自然界中人类与其他物种处于平等地位。



**壹刑者，刑无等级。自卿相、将军以至大夫、庶人，有不从王令、犯国禁、乱上制者，罪死不赦。**

——《商君书·赏刑》

【大意】

所谓一刑，就是使用刑罚不分等级。从卿相、将军、一直到大夫、平民百姓，有不听从王令、违反国家法令、破坏君主制定法律的，一律处以死罪，不得赦免。

【解读】

商鞅这句话，集中反映了法家的平等观。秦孝公时，任用商鞅推行变法，促使秦国迅速成为强国。商鞅变法有两个重要方面，一是以军功制取代世卿世禄制，废除宗室贵族特权；二是否定“礼不下庶人，刑不上大夫”，实行“王子犯法，与庶民同罪”，这句话所体

现的正是这一理念，这也成为我们今天建立“法律面前人人平等”的滥觞。

在法家平等观下，庶人与王公虽然平等，但在他们之上，又为君主保留了特殊位置。换言之，他们的平等只是在君主面前的平等，这样的平等不过是君主的赋予，是君主实行统治术的手段，因此又是不彻底的。尽管如此，在当时的历史条件下，法家的平等观无疑具有巨大的进步意义，并为促进古代法制建设发挥了巨大作用。这句话常用来强调法律面前人人平等。

## 以道观之，物无贵贱。

——《庄子·秋水》



【大意】

用道的眼光来看，世间万物的价值本无高低之分 。

【解读】

相比于儒家、墨家、法家，道家的平等观更为丰富，也更为彻底。从老子的“道法自然”，到庄子的“物无贵贱”，不仅是人，连世间万物，都没有贵贱，没有差别，一切平等。用现在的话说，这是一种站在“道”——宇宙的立场上，俯视“万物一齐”的大平等观。

庄子的平等观，蕴涵了一种无比开阔的视界，是对儒家等级观念的巨大冲击，但它同时又只是精神上的想象。因为在这样的平等观下，面对人世间存在的不平等，道家不是努力去改变，而是从相对主义的角度否定其现象差别，并让人们在“无己”“无待”与“坐忘”中达到精神上的解脱，这种做法更多的是一种精神上的自我安慰。这是需要我们应该注意的。这句话常用来表达万物的平等性。

**庖有肥肉，厩有肥马，民有饥色，野有饿莩，此率兽而食人也。**

——《孟子·梁惠王上》

饿莩（piǎo）：饿死的人。莩，同“殍”。

【大意】

厨房里有肥美的肉，马厩里有健壮的马，可是老百姓却面带饥色，野外还躺着饿死的人，这相当于是居高位者率领野兽在吃人啊！



【解读】

平等包括人性的平等、政治权利的平等，还包括经济权利的平等，孟子这句话说的，指向的正是经济权利的平等。从孟子这句话我们可以看出，早在两千多年前，就已出现了贫富不均、相差悬殊的社会现象。儒家虽然致力于构建一个等级有序的社会，但即使是为了维系这样一个社会的稳固存在，也坚决反对、猛烈抨击由于贫富差距而造成的严重不公，并憧憬追求一个相对公平、人民安居乐业的理想社会。

与经济权利平等相对立的是贫富差距。如果说贫穷是一切不幸的根源，那么贫富差距就是一切社会问题的根源。没有经济权利的平等，其他一切平等都是空谈、虚妄。这也正是我们今天仍然要努力消除贫困特别是贫富差距、实现人民在经济权利上平等的深刻原因。这句话常用来强调要实现经济权利的平等。

## 人皆可以为尧舜。

——《孟子·告子下》

【大意】

每个人都有可能成为像尧舜一样的圣人。

【解读】

儒家对平等的关注，主要集中在德性上的平等，孟子最早阐述了这一问题。《孟子》一书中反复强调，“人皆可以为尧舜”，“圣人与我同类”，“尧舜与人同耳”。就是说，即使是圣人如尧舜，他们与普通人在天性、本性上都没有不同；或者说，普通人也具有“仁义礼智”四端，经过砥砺磨练，都能够在德性上与圣人达于一致，具有像尧舜一样的道德高度。

孟子强调内修、“尽心”、“养性”、“养浩然之气”，通过“内圣”达致“外王”的思想，在今天仍有着积极意义。正是由于德性平等的存在，普通人经过坚持不懈的道德锤炼，也能够达到圣人的境界，这对于在纷纷扰扰的万事万物中时常迷失心灵的现代人来说，不恰是一剂清醒药吗？这句话强调了人在道德上的平等性。



## 说大人，则藐之，勿视其巍巍然。

——《孟子·尽心下》

【大意】

和地位显贵的人说话，要藐视他，不要把他的显赫地位和权势放在心上。

【解读】

除了德性上的平等，孟子还谈论过人格上的平等，这句话就是著名的一例。春秋战国时期，一众谋臣术士们奔走天下，向各国君王献上长策宏论，其中，不乏有为富贵利禄而花言巧语、信口雌黄甚至卑躬屈膝、谄媚佞幸者。当时的儒家人物为了实现推行大道、治国安民的理想，也加入到周游列国、游说诸侯的潮流中。但是，在这个过程中，孟子与孔子一样，始终坚持精神上的独立、人格上的平等。在他看来，获得君主的信任固然重要，但这并不意味着就必须牺牲自己的人格，两者之间并不存在求—予的施舍关系。因此，在“大人”面前无须胆战心惊，恰恰相反，不妨藐视蔑然。

进一步追问，何以能够如此呢？正如孟子所解释的：因为这些显贵之人所拥有的，在我看来，却是我所不屑的。正是这样一种“富贵不能淫，贫贱不能移，威武不能屈”的气魄，千百年后，仍令我们深深敬仰。这句话常用来强调人与人之间人格的平等性。



**虽王公士大夫之子孙也，不能属于礼义，则归之庶人。虽庶人之子孙也，积文学，正身行，能属于礼义，则归之卿相士大夫。**

——《荀子·王制》

【大意】

即使是帝王公侯士大夫的子孙，如果不能遵从礼义，就把他们归入平民。即使是平民的子孙，如果积累知识、端正品行，能够遵从礼义，就把他们归入卿相士大夫。

【解读】

作为儒家集大成者的荀子，虽然仍坚持严格的等级制度，恪守君子与小人的界限，但他也坚决反对“先祖当贤，后子孙必显”的制度安排，为平等开了一道门，这就是“礼义”。在他看来，不论是王公士大夫还是庶人的子孙，决定他们地位的只能是礼义，具有礼义则可以跻身高位，丧失礼义则应当归入下僚。应当说，这已经突破了儒家严明贵贱的藩篱，为实现阶层间的流动提供了理论依据。

值得注意的，荀子虽然认为“人性恶”，但他同时认为人性是可转化的，这与庶人子孙也能够“属于礼义”在本质上是相通的。如何实现这一转变呢？一是通过个人努力勤奋学习，提高内因；二是通过移风易俗创造条件，改变外因。这样的思想，在当时具有进步作用，在今天也仍具有借鉴意义。这句话常用来强调人的身份和地位是可以改变的。



## 王侯将相，宁有种乎？

——《史记·陈涉世家》

【大意】

那些称王拜相的人，难道天生就是富贵种子吗？

【解读】

在陈胜之前有关平等的议论，其言说者或是统治者本身，或是劝喻统治者的士人。陈胜的这一句“王侯将相，宁有种乎”，才是底层者对于身份平等的第一次呐喊。这句话毫不留情地打碎了笼罩在统治者身上的虚假光环，明白无误地指明，没有人注定成为王侯将相，也没有人注定只能当平民百姓，百姓一样能够取得与王侯平起平坐的平等身份。

陈胜说这句话的时候，正是大泽乡起义的关键时刻，这一句激情澎湃的宣言，既给予了逾期戍卒们巨大的勇气，也为他们描绘了一幅美好的图景。无怪乎很多人认为，经过陈胜、吴广起义的浪潮，尽管贵族制度在中国历史上未必立即消亡，但在“王侯将相宁有种乎”这句檄文的冲击下，贵族制度已然失去了存在的力量。这句话强调了人的地位不分贵贱的平等观。

**廉者不受嗟来之食。**

——《礼记·檀弓下》



嗟来之食：嗟，文言叹词。原指悯人饥饿，呼其来食。后多指侮辱性的施舍。

【大意】

廉明的人不会接受带有侮辱性的施舍。

【解读】

春秋时期，有一年齐国发生了严重的饥荒，庄稼颗粒无收，许多人外出逃荒乞讨。一位名叫黔敖的财主，舍粮熬粥，施舍给过路的饥民。饥民们一个个都饿得受不了，见黔敖施舍粥饭，都对他千恩万谢，黔敖也有些飘飘然起来。这时又走来一名饿汉，黔敖便得意地对那人叫道：“喂，过来吃吧！”不成想，那饿汉对锅里的粥饭看都不看一眼，扬起脸对黔敖说：“我就是因为不吃这种轻蔑的施舍，才饿到这般地步的！”说完坚决不吃黔敖的粥饭，最终饿死在街头。

人格平等是一切平等的基础，是社会上人与人和谐相处的前提。“嗟来之食”的故事表明，施惠者与受惠者在人格上应该是平等的，为追求平等，有时甚至连生命都可以牺牲。这句话充分说明了人格平等的重要性。

**才高行洁，不可保以必尊贵；能薄操浊，不可保以必卑贱。**

——汉·王充《论衡·逢遇篇》

【大意】

才华高超、品行高洁的人，不一定必然居处高位；能力低下、操行低劣的人，也不一定必然身份卑贱。

【解读】

作为东汉著名的朴素唯物主义思想家，王充这句话将古代平等论推向了另一个高峰。如果说孟子与墨子还只是强调普通人一样可以取得与王公贵族相同的德性平等、身份平等，王充这句话表面上说才华、品行不一定与身份成正对应，反过来实际是说，居高位者未必才高行洁，处卑贱者未必能薄操浊。也就是说，普通人甚至能够具有将相王侯所不具备的才华、品行。

那么，何以造成这种情形呢？在王充看来，“遭遇适然，命时当也”，这里的“命时”，已不是所谓的天命，而只是偶然的时运而已，这就再次揭下了王公贵族的“天命”面纱。在当时的历史条件下，王充自然不可能从阶级、制度的角度抨击人与人之间不平等的起源，但是，这样的勇气已经十分令人钦佩了。这句话常用来表达社会地位的平等不由人的才华和德行高低来决定。

**赏不可不平，罚不可不均。**

——三国蜀·诸葛亮《便宜十六策·赏罚》

【大意】

奖励时要平等对待，惩罚时也要一视同仁。

【解读】

三国时期，蜀汉丞相诸葛亮攻打北魏，任命爱将马谡镇守街亭。临行前诸葛亮再三叮嘱：街亭虽小，关系重大。它是通往北魏的咽喉要道，一旦失守，蜀军必败。并告诫马谡要靠山近水安营扎寨，以免被敌军包围。但马谡擅作主张改变驻地，拒不听从副将王平的劝谏，致使街亭失守，蜀军大败。诸葛亮虽与马谡私交深厚，且爱惜马谡的才能，但为严明军纪、赏罚分明，最终挥泪将马谡斩首，同时奖赏了劝谏有功的王平。



组织机构中的奖惩机制，要遵循人人平等的原则，不应因人的贵贱、亲疏而有所差异。在平等的前提下运用正、负激励手段，才能达到鼓励先进、鞭策后进，从而帮助实现工作目标、维护管理体系。这句话阐明了奖惩机制的关键在于平等对待、一视同仁。

**大凡物不得其平则鸣。**

——唐·韩愈《送孟东野序》

孟东野：中唐著名诗人孟郊，字东野，韩愈的好友。

【大意】

一般来说，事物处在不平静的时候，就会发出声音。

【解读】

孟郊去江南赴任，韩愈写下此文送行，从世间万物在不平静的状态下就会发出声响谈起，说到历代贤哲为不寻常之事物所激发，心中有感，便会以各种方式表达。韩愈用“天意如此”安慰才华出众而仕途坎坷的孟郊，也流露出对朝廷不重视人才的不满。成语“不平则鸣”由此而来，现在一般是指受到不公平的对待就会发泄不满，或泛指对不公之事表达愤慨。

有社会，有群体，有利益相关，就会产生比较，一比较，若感到付出与收获不成正比，能力与待遇不能挂钩，人自然会产生抱怨。表达合理诉求、追求平等公正的“鸣”，即使话语刺耳，也值得认真听取，从“抱怨”中发现问题，解决问题——对从政者而言，当听到满耳牢骚话时，不妨先想想“不平则鸣”这句话。



## 人虽有南北，佛性本无南北。

——《六祖坛经·行由品》

【大意】

虽然人有南方和北方的地区差别，但人的佛性却没有南方和北方的不同。

【解读】

作为禅宗的宗经宝典，《六祖坛经》在中国佛教中占有特别重要的地位。它是绝无仅有的一本被称作是“经”的由中国僧人撰述的佛典。经中认为众生皆有佛性，所以应一视同仁、平等对待。我国传统文化中，对平等理念论述最多的要属佛家，佛家对平等的定义也十分广泛，核心就是“众生平等”。众生既包括有感情的生命体，如人与动物；也包括植物、微生物乃至山川海岳等没有情识的物体。

作为中国传统文化的重要组成部分，佛教中的积极成分也应为当今社会所汲取。“众生平等”的理念可以推演到日常生活的各个层面，既强调人与人没有等级尊卑之分，要平等相待；也强调国家与国家不论富强还是贫弱，都应和平相处、平等对话；还强调人与自然的和谐相处，不能以破坏、掠夺自然环境为代价求得发展。这句话常用来强调平等的观念。

## 贫贱者骄人耳，富贵者安敢骄人？

——《资治通鉴·周纪一》



【大意】

贫贱之人才敢于对人骄傲，富贵之人又何敢对人骄傲呢？

【解读】

田子方是孔子的弟子子贡的学生，魏文侯慕名聘他为师。有一次魏国太子击在路上遇到田子方，连忙恭敬行礼，田子方却傲然不顾。魏击大怒，质问田子方贫贱者岂能对富贵者如此骄傲。田子方随即以这句话作答，并慨然说道：“国君骄人则失其国，大夫骄人则失其家。夫士贫贱者，言不用，行不合，则纳履而去耳，安往而不得贫贱哉！”魏击猛然醒悟，当即向田子方道歉。

贫贱者反而对富贵者傲然，看似不可理解，田子方却给出了自己的答案，因为富贵者患得患失，为名利所羁绊，反而不如贫贱者无所牵挂、来去自如。田子方身上所体现出来的这样一种无所求、无所惧的自信，从容不迫、不卑不亢的气度，在我们今天，仍是十分稀缺的品格，也告诉了我们另一种平等追求的真谛。

**自古皆贵中华，贱夷狄，朕独爱之如一。**

——《资治通鉴·唐纪十四》

【大意】

自古以来的帝王都重视中原民族，而轻视周边的少数民族，只有我对他们一视同仁。

【解读】

北宋著名史学家、政治家司马光，历时十九年编成史学巨著《资治通鉴》，旨在总结历代政治经验，供北宋统治者借鉴。书中记载，唐太宗李世民在与大臣们讨论施政得失时，总结出五条成功的经验，其中一条就是推行“华夷一家”的民族政策，对周边的少数民族平等看待、一视同仁。唐太宗在民族政策上的创新与突破，开创了民族平等的先声。在这一理念的引导下，唐太宗采取了一系列的措施，极大地缓和了民族间的矛盾，为中华民族的大融合注入了活力，也开创了“贞观之治”的盛世局面。

民族平等，作为当今社会的普遍共识，既是我国宪法确立的立国原则，也是党和国家制定民族政策的总依据，更是我国民族团结、各民族共同发展的基本保障。唐太宗这句话用来阐释民族平等的重要性。



**朝为田舍郎，暮登天子堂。**

——元·高明《琵琶记》

【大意】

早上还只是一个乡村野夫，晚上却能入朝为官了。

【解读】

这句话所揭示的是古代科举制度下阶层流动的现象。从隋唐创设科举，至清末光绪三十一年（1905）废除，1300多年的科举史在中国历史中扮演了举足轻重、非同寻常的地位。这句话意示着，在科举制度下，即使是平民子弟，经过寒窗苦读，也可以实现鲤鱼跃龙门，入朝为官。

科举制度是古代中国在政治文明上的一大创造，为促进社会阶层流动发挥了不可替代的作用。钱穆先生曾指出，开放政权是科举制的内在意义与精神生命。必须看到，一个社会的和谐稳定与发展，很重要的一点就是阶层之间得以保持流动的可能性和空间。一旦社会结构出现板结化，阶层之间的流动陷于停滞，这个社会也将丧失活力。这也是科举制度对于我们今天在促进社会阶层流动上的深刻启示。



**夫妇，人之始也。**

——明·李贽《夫妇论》

【大意】

夫妻关系是人伦关系的开始。

【解读】

明代后期，随着工商业的发展，物质和文化生活得到极大提高，思想界也出现了巨大变革。以“异端”形象出现的李贽就是其中的杰出代表，他从各方面提出了与传统儒学“三纲五常”迥异的观点，其中很重要的一点就是提出男女平等的主张。这句话即强调了夫妻关系乃人伦关系的初始，他甚至说“夫妇正，然后万事无不出于正”。

李贽男女平等的思想是受其老师王襞（bì）的影响，王襞曾说：“人心自善，本之天性，而甚灵且巧者也。此灵此巧，岂独丈夫为然，妇人女子亦同有是理也。”李贽进一步发展了这一思想，并付诸实践，他认为女性也应该有受教育的权利，于是身体力行教授女学生。今天看来，李贽的这些观点和行为具有很大的革命性和进步意义。这句话常用来体现男女间的平等地位。

**天地之道故平，平则万物各得其所，及其不平也，此厚则彼薄，此乐则彼忧。**

——明末清初·唐甄《潜书·大命》



【大意】

天地运行的规律是平等的，平等了万物就各得其所，一旦出现不平等，有人富裕，就会有人贫穷；有人快乐，就会有人忧伤。

【解读】

明末清初，统治者极力钳制思想，这时出现了一批反抗专制、追求自由平等的思想家，唐甄就是杰出的代表。《潜书》历时三十年而成，汇集了唐甄言学、言治各项主张，在中国思想史上占据浓墨重彩的一笔。他认为君主专制是天下之大害，提倡法治，倡导社会平等，这些思想反映了当时社会的发展趋势，具有进步的历史作用。

这句话集中反映了唐甄的经济主张。唐甄一方面提出富民立国，只有人民生活丰裕，国家才可能长治久安；另一方面强调贫富之间要达到平衡，富人所得实际上是穷人所失，如果厚薄不均、乐忧不等，这样的状态难以维系持久，必将导致动乱。这些思想，对于我们今天治理社会、发展民生，仍有着极大的借鉴。

**吾疾贫富不均，今为汝均之。**

——清·毕沅《续资治通鉴·宋纪十六》

【大意】

我痛恨贫富不均，如今我就要为你们均分财富。

【解读】



北宋太宗淳化年间，西川大旱，而官府催赋急迫依旧，百姓不堪其苦。于是爆发了起义，起义军首领王小波喊出了这一句口号，迅速取得了民众的拥护和响应。北宋建立初期爆发的这次起义，再次告诉我们，经济权利的不平等，贯穿整个古代历史。

事实上，中国古代人们所追求的平等，主要是经济权利的平等。人民是善良的，对于统治者没有太多太高的要求，只希望能够衣食温饱，而这小小的要求常常还得不到满足。人民又是现实的，如果统治者不能带给他们安定的生活，他们就会逼上梁山、揭竿而起。这也是中国古代王朝频繁更迭的重要原因。这句话常用来表达人们对经济平等的诉求。

**人人相亲，人人平等，天下为公，是谓大同。**

——清·康有为《大同书·乙部·第二章》

大同：中国古代儒家所宣传的最高理想社会或人类社会的最高阶段。

【大意】

人与人之间相敬相亲，人与人之间地位平等，天下是人们所共有的，这就是大同社会。

【解读】

中国古代关于平等的思想层出不穷。到了近代，思想家康有为进一步发展了平等的社会思想，他将封建专制和等级制度视为人间苦难的主要根源，认为这违背了平等和天赋人权的“公理”。他将儒家经典与自己的社会理想和欲实施的政治纲领相结合，写成《大同书》，书中描绘了一个没有阶级、贵贱的区别，消灭了战乱与贫穷，人人平等、人人幸福、天下为公的理想世界。然而，由于受到当时社会环境和阶级的限制，康有为的“大同”理想未能实现。

如今，社会主义制度为实现人人平等创造了条件。按照平等的原则，当代中国，每位公民都享有同等生存的权利、得到同样的人格尊重、拥有同等的发展机会、共享社会改革发展的成果。这句话常用来描述平等社会的状态。

公正是人类文明的基本价值。社会主义核心价值观作为人类文明的重要组成部分，理应以公正为价值底蕴。公正是中国特色社会主义的内在要求。社会主义的优越性不只在于最大限度地推动社会生产力的发展，更体现在对社会发展成果的公平分配。古往今来，不同时期、不同群体对公正有着不同的诠释，但其中蕴涵的公平正义的精髓却一直没有改变。在现阶段，维护和实现社会公正，关键是要逐步建立以权利公平、机会公平、规则公平为主要内容的社会公平保障体系。

在中国传统文化的思想宝库中，蕴涵着丰富的公正理念。“天下为公”的施政理想、“均贫富”的分配原则，“行公法”的制度保障，都反映了人民对公正社会和美好生活的向往，对于推动当时社会的发展，具有时代价值。

当然，全面准确把握公正的内涵，必须进行历史的、具体的、相对的分析，从传统文化中挖掘公平正义的资源，将其放在理想与现实、近期和长远、个人与社会的辩证统一中来加以理解，并在知行合一中努力实现。

宋·马远《岁寒三友图》

**无偏无党，王道荡荡；无党无偏，王道平平。**

——《尚书·洪范》

偏：不公正。　党：偏私。　荡荡：宽广无边的样子。　平平：治理有序。

【大意】

处事公正，没有偏私，仁政就能够顺利推行；处事公正，没有偏私，国家治理就会井然有序。

【解读】

商纣王暴虐无道，整天酗酒淫乐而不理政事。纣王的叔父箕子见此，苦心谏阻，反被纣王囚禁起来。周武王伐纣时，箕子趁乱逃往箕山（今山西陵川棋子山）隐居。周朝建立后，武王求贤若渴，求访了隐居的箕子，在向他请教治国的道理时，箕子说了上面的话，强调公平正直、不结党营私是圣王治理天下的关键。唐朝时，大臣房玄龄在回答太宗皇帝问政时也引用这句话来强调公正对于国家长治久安的重要性。



处事公正是国家实现有效管理的基础，任何社会形态的国度，如果缺失公正，就会像大厦失去根基一样，必然倾斜甚至倒塌。古代如此，现代亦然。这句话常用来强调公正对于国家治理的重要性。

**天公平而无私，故美恶莫不覆；地公平而无私，故小大莫不载。**

——《管子·形势解》

【大意】

上天公正没有偏私，因此无论万物是美是丑，没有不在苍天覆盖之下的；大地公正没有偏私，因此不论万物是大是小，没有大地不能承载的。

【解读】

先秦时期著名的政治家、思想家管子，在中国历史上较早且较为全面地探讨了社会公正的问题。对社会公正的重视与追求，可以从他对天地的描述中看出。《管子》一书所描绘的天地，均以公平、公正为特点。既然天地宇宙以公正无私为特征，那么生存于其间的人类也应效仿宇宙，克制私欲，践行公平正义。如何实现社会公正呢？《管子》书中另有阐述：执政者应该像天地一样公正无私，这样就可以使人民信服、上行下效，这样就可以实现社会的公平正义。



党的十八大报告提出，党员干部要树立“以维护公平正义为己任”的价值观，自觉当好社会公平正义的维护者。《管子》这句话旨在倡导执政者公正无私、率先垂范，带动人民实现社会公平正义。

## 举枉错诸直，则民不服。

——《论语·为政》

枉：奸邪的人。　　直：正直的人。　　错：通“措”，放置。

【大意】

举用奸邪的人，将其置于正直的人之上，百姓就不会信服。

【解读】

春秋时期，鲁哀公向孔子问政。孔子答道，为政之道在于公正

地选择官员。举用正直的人为官来抑制奸邪的人，百姓才会信服；举用奸邪的人来压制正直的人，百姓就会不服。对于孔子的建议，鲁哀公并未采纳，就连孔子这样近在眼前的贤人，也始终未被重用。最终鲁哀公与国卿发生冲突，被迫流亡国外。

政府行为的“公正严明”是中国传统政治思想的重要组成部分，也是中国百姓几千年来的理想。在过去，百姓把这样的理想寄托在“清官”或“贤君”的身上，然而历史与现实证明这不过是一种不切实际的奢望。如今通过合理的体制与健全的法制，可以有力保障公正的实现。能做到让公正抑制邪曲，在今天依然是为政的一条正道。这句话旨在说明要公正地选用人才。

## 其身正，不令而行；其身不正，虽令不从。

——《论语·子路》



【大意】

如果为政者自身端正，作出表率，那么，不用下命令，百姓也就会跟着行动起来；如果为政者自身不端正，那么，即使三令五申，百姓也不会遵从。

【解读】

关于如何为政，孔子还有一句深刻而精辟的论述：“政者，正也。”为政之道在于公平公正。一个“正”字，是古往今来一切有所作为的为政者身体力行的功夫——待人公正公平，处事公正公允，作风公正廉洁。凡为政公正者，百姓誉之，无需下令也会紧随其后；凡为政偏私者，百姓唾之，三令五申也难以有人响应。

虽然时代在变迁，但强调“身正”仍是古今相通的价值观念。

打铁需得自身硬，如今的领导者更应该提高和完善自身的道德素质和职业素养，通过“榜样的力量”来影响下属的思想境界和道德觉悟，从而实现政令推行的畅通无阻。“以正德临民，犹树表望影”，其深意正在于此。这句话常用来强调领导者端正自身，发挥道德示范作用的重要性。

**为政者，不赏私劳，不罚私怨。**

——《左传·昭公五年》

【大意】

执政者不能无故奖赏对自己有恩惠的人，不能借故惩罚与自己有私仇的人。



【解读】

春秋时期，鲁国大夫叔孙豹宠幸私生子竖牛，并让他参与政事。竖牛无才无德，但很会揣摩上位者的脾气喜好，利用各种关系挑拨离间，从中渔利。他用计挑拨叔孙家族的关系，最终害死了叔孙家的两个嫡子壬和孟丙。叔孙豹去世后，他让叔孙豹的庶子婼继任大夫。婼当政后，并没有报答竖牛的拥立之恩，而是历数他的罪状，最终将其处决。婼不计个人恩怨，公正处事，为国家铲除佞臣的行为，受到了孔子的高度赞许。婼也通过公正廉明、忠于职守的为政理念成就了一番事业，史称叔孙昭子。

这句话是古人对叔孙昭子的评价，提醒为政者不能假公济私——既不能借为政之便提拔、赏赐自己的恩人，更不能公报私仇，仗势打击、迫害自己的仇人。这一古训历时数千年，仍不失其现实意义，常用来强调处事要秉承公正的原则。

**爱人者不阿，憎人者不害。**

——《商君书·慎法》

阿（ē）：迎合，偏袒。

【大意】

喜爱某人而不对其偏私，憎恶某人而不去贬损他。

【解读】

《战国策》在评价商鞅变法的成就时说：商君治理秦国时，令行禁止，公正无私。执行处罚时，不回避有权势的人；论功行赏时，不偏袒自己的亲信。即使太子犯法，也会处罚他的老师以示惩戒。变法一年之后，没人拾取别人丢在路上的东西，也没人敢随意谋取非分的财物。秦国很快强盛起来，令其他国家大为忌惮。要使国家强盛，就要有公正的法律作为保障。公正的法律，就要像商鞅在《商君书》中所说的那样，决不能把个人私心掺进执法活动中。

犯罪是无视法律，好比污染了水流；不公正的审判则毁坏法律，好比污染了水源。如果司法这道防线缺乏公信力，社会公正就会受到普遍质疑，社会和谐稳定就难以保障。这句话说明了司法公正对于国家而言的重要意义。



**公生明，偏生暗。**

——《荀子·不苟》

【大意】

公正带来正直明察，偏私带来昏暗愚昧。

【解读】

荀子是战国时代伟大的思想家，学问集百家之大成。他在历史上率先使用了“正义”一词，认为一个合格的君主，要能主持国家的公平正义，这是国家政治清明、民众安康的关键。所以他要求执政者本人能够通过履行公正来达到正直明察，杜绝偏私以避免昏暗愚昧。

“公正”在时下也是热门语词，这既是社会发展进步的需要，也说明今天的社会治理主体对公平正义价值理念的体认。在当今中国，一系列社会问题的解决必须纳入公平正义的视野里进行考虑，这也促使我们必须加快推进社会主义公平正义价值观念的建设和完善。这句话常用来劝诫为政者要履行公正、杜绝偏私。



**公则天下平矣，平得于公。**

——《吕氏春秋·贵公》

【大意】

为政者只要做到大公无私，天下就太平了。天下太平是由大公无私而得来的。

【解读】

战国时期，秦相吕不韦组织门客编著的《吕氏春秋》一书，在《贵公》篇中记载了一段齐桓公与管仲的轶事：齐国名相管仲病危，齐桓公去探望他，并问他谁可以接任宰相之职。齐桓公提出了鲍叔牙与隰朋两位人选，管仲并未顾及他与鲍叔牙的深厚友情，明确指出了鲍叔牙为政的缺点，断不同意让他担任宰相；同时，管仲指出隰朋为人不拘小节，是一位相才。此事足见管仲的大公无私。

篇名《贵公》，本身就蕴涵着以公正为贵的理念。吕不韦的这个结论，来自对历史经验教训的总结。他曾说过，纵观历史记载，古往今来的君主，都是因大公无私而得天下，也都是因偏私徇私而失天下。现在看来，这句话依然十分深刻。这句话道出了为政公正是天下安定的基础。

**刑过不避大臣，赏善不遗匹夫。**

——《韩非子·有度》

【大意】

处置有罪的人时，即使他是高官也不饶恕；奖赏有功的人时，即使他只是平民百姓也不会遗漏。

【解读】

战国时期的法家代表人物韩非子认为赏罚是君主独有的权力，也是君主控制臣下的主要工具之一。因此，他主张赏罚必须严明，不能因为君主的一时好恶而滥加赏罚，同样，也不能因为应罚者地位高而不罚，应赏者地位低而不赏。在韩非子看来，维持赏罚的公平，一切按照法令行事，是保证国家安泰的重要原则。

韩非子的这种赏罚公平的观念，虽是从维持君主权威角度阐发的，但这种思想在今天仍然有值得借鉴之处。为人上司者，如果能够正确判断下属的功过，并以公正的赏罚作出反馈，不仅能够促使下属努力工作，推动事业顺利发展，也能够起到维护群体内部和谐的作用。这句话常被用于阐述赏罚公平的原则。

## 公平无私，不为安肆志，不为危激行。

——汉·韩婴《韩诗外传》

【大意】

公平而无私，不因为处境安稳而肆意妄为，也不因为身处险地而做出不合情理的事情。

【解读】

《韩诗外传》是西汉人韩婴注解《诗经》的著作。为了解释本句，韩婴还讲了一个故事：春秋时，卫献公被迫出奔，后得以回国，想封赏与他共患难的大臣，一个叫柳庄的大臣说："如果大家都留守，谁追随您？如果大家都随您出奔，国家怎么办？您只重视与您同行的人，不够公正，这样恐怕不行吧？"卫献公表示赞同。

在本句中，韩婴阐述了他衡量正直者的标准：公平无私就是"正"，不因处境改变行为准则就是"直"。从上文所讲的那个故事来说，卫献公如果坚持封赏同行大臣，就等于无视了留守者的功绩，会在群臣中造成裂痕。一个好的领导者，对待下属作出的成绩，就应该一视同仁，不能因自身的好恶而区别对待。这句话常用于阐述公正的内涵。



## 赏罚用于实，不用于名。

——汉·董仲舒《春秋繁露·考功名》

【大意】

赏罚要落到实处，就要有事实依据，不能只为了虚名而任意赏罚。

【解读】

赏是为了激励，罚是为了警醒，如果二者不能据实而行，那么赏罚就毫无意义。董仲舒总结了前朝赏罚不公的教训，认为治理国家要使赏罚制度真正落到实处，才能体现公正，才能起到“义利”驱动的作用。赏罚分明，在各行各业，都是人们对领军人物的基本期待，团队的凝聚力、战斗力，藉此产生。

古往今来，社会公正，直接关系到国家兴盛、人民幸福。发展成果的公正分配，奖惩措施的公正实施，都是社会制度优越性的突出表现。这句话常用来强调赏罚分明是实现公正的前提。

**公正无私，一言而万民齐。**

——《淮南子·修务训》



【大意】

做官的人办事公正，没有私心，说一句话就能使千千万万民众响应。

【解读】

行公道之政，就是对于有贡献的人，即使关系疏远，也要加以奖赏；对于违反法令的人，即使关系要好，也不能偏私。如果这一制度能够切实有效施行，老百姓就不会有怨怼，从而实现令行禁止、社会团结。因此，淮南王刘安认为，从政必须坚持公正，才能立国安民。

公正，历来是人们的社会理想。然而在现实中，由于许多因素的干扰，公正往往不可避免地迟到、缺失，甚至被抹杀，因此，民众对于公正的盼望，从来未曾减弱。不可否认，在实现中国梦的路上，还存在一些不和谐不公正的现象，所以更需建立以权利公平、机会公平、规则公平为主要内容的社会公平保障体系，公务人员做到克己奉公，不谋私利，如此才能维护和实现社会公正，才能得人心促发展。这句话常用于说明公正的重要性。

**天无私覆，地无私载，日月无私照。奉斯三者以劳天下，此之谓三无私。**

——《礼记·孔子闲居》

【大意】

天无私地覆罩万物，大地无私地承载万物，日月无私地照耀万物，遵奉这三种无私精神来勤劳劝勉天下，这就叫三无私。



【解读】

孔子的弟子子夏曾向孔子请教古代圣王的德行如何，孔子回答说："奉三无私以劳天下。"子夏又问什么是"三无私"，孔子就用这句话回答了他。孔子所说的天地日月，其实就是大自然的化身。孔子认为，大自然不偏向任何人，给万物以同等的发展机会，显然是公正无私的典范，古代的圣王就是向大自然学习，把这种精神贯彻到自己的治国实践中去，因此能够成就大业。

依据天理来阐述公正的道理，反映了自古以来人民对公正社会和美好生活就深深向往，并认为这是天道规律，不可违背。公正，作为深植于中华文明的价值观，在当代社会也同样需要传承和弘扬。社会主义的优越性正体现在对发展成果的公平分配，因此我们要时刻提醒自己遵循规律，践行公正，以公正促进国家的富强。这句话常用来阐释公正无私的内涵。

## 治官事则不营私家，在公门则不言货利。

——汉·刘向《说苑·至公》

【大意】

办理公事就不要为私人包括自家算计经营，身处公门就不要谈论发财获利的事情。

【解读】

本句是《说苑·至公》中记载的一句孔子名言。篇中，孔子以本句来解释什么叫“臣之公者”。战国时，鲁相公仪休听说所吃的葵菜是自家种的，就下令把家里的菜园铲掉，以免与民争利，这就是“不营私家”“不言货利”的公正无私精神的体现。公仪休的举动，在常人看来似乎有些过分，但实则是很有必要的。

这句话的实质是强调“公正”与“廉洁”之间相辅相成的密切关系。公权力机关往往掌握了大量资源及利益的分配，作为公权力的行使者，官员在公门，治官事，若一心只想着“营私家”“言货利”，则公正就如缘木求鱼、南辕北辙了！我们常用这句话来告诫官员应当在公言公，而不以私犯公。这是为官从政最基本的政治伦理，是实现政治清明、社会公正的底线要求。



## 不虚美，不隐恶。

——《汉书·司马迁传》

【大意】

不妄加赞美，也不隐其恶行。

【解读】

司马迁写的《史记》比起《春秋》一书有更进步的指导思想，那就是作者敢于面对现实，真实地记载历史事件，不像《春秋》那样为尊者讳，为贤者讳。这种公正客观、实事求是的写作态度，得到了东汉史学家班固的肯定。他在为司马迁作传时，评价《史记》一书，说它："其文直，其事核，不虚美，不隐恶，故谓之实录。""不虚美，不隐恶"是实录精神最可贵之处，当描写帝王将相等人物时，司马迁能做到这一点，尤属难能可贵。他的这种秉笔直书精神，为后世历史学家所敬仰和追求。

其实，不仅写史要做到客观公正，我们评判其他任何事情都应该端正态度，实事求是。如果仅凭个人好恶来认识事物、判断是非曲直，那么我们得出的结论往往会是片面甚至错误的。这句话常用来强调要公正叙述、评价事物。



**正义之士与邪枉之人不两立之。**

——汉·王符《潜夫论·潜叹》

【大意】

正义的人与邪恶的人势不两立、不能共存。

【解读】

东汉政论家王符有感于朝廷举措失当，写下《潜夫论》一书，阐述了自己治国安邦的思想。其中谈到正义与邪恶势力交锋时，王符先讲了两个故事：其一是春秋时期晋国有名的贤臣范武子从流亡地秦国返回晋国后，晋国的奸邪小人都逃跑了。其二是春秋时期宋国大夫华元从楚国回到宋国后，掌握朝政的鱼氏就被驱逐出宋

国，宋国秩序得以恢复正常。之后，他提出这句话，意在说明自古以来正邪不两立、邪不压正的道理。

维护和实现社会的公平正义，涉及广大人民的根本利益，体现了中国共产党立党为公、执政为民的宗旨。对于邪恶势力必须严厉打击，从源头上杜绝有碍社会和谐的因素。这句话常用来表明实现社会公平正义的决心与愿望。

## 勋劳宜赏，不吝千金；无功望施，分毫不与。

——《三国志·魏书·武帝纪》裴松之注引王沈《魏书》

【大意】

立下功劳应该受赏的，赐予千金也毫不吝惜；没有建功却想要恩惠的，一分一毫也不会给予。

【解读】

这是《魏书》对曹操用人艺术的评价，简要概括，就是“赏罚分明、恩威并施”。曹操自己也说：“明君不赏无功之臣，不赏不战之士。”把能否公正赏罚，看成“明君”与“庸主”的重要区别。行动上，他一方面从不吝于厚赏功臣，比如，消灭袁绍势力后，一举封功臣20余人为列侯；另一方面，严格制定并执行“罚”的律条，如公元203年颁布的《败军抵罪令》规定：将领出征，打了败仗要治罪，造成损失的要免去官职和封爵。曹操自己不慎马踏麦苗，违反军令的时候，立刻“割发代首”，以示自我惩戒。

曹操凭借公正严明的管理制度，使部下心服口服、甘于效命。这句名言同样可以提醒今天的管理者建立公正的奖惩机制，执行公平的赏罚措施，以最大限度地调动员工的工作积极性。

**水至平而邪者取法，镜至明而丑者无怒。**

——《三国志·蜀书·李严传》裴松之注引习凿齿语

【大意】

水面是最平的，所以能够以其为标准，校正本身歪斜的事物；镜子是最清晰的，所以长得丑的人照镜子，不会因镜子把丑相映照出来而生气。

【解读】

三国时期，蜀汉丞相诸葛亮曾经罢免了大臣李严的官职，将其流放。但由于诸葛亮执法公正，李严自觉情真罪当，并不因而怨恨诸葛亮。诸葛亮去世后，李严伤心过度，竟然病死了。东晋史学家习凿齿在评论这一历史事件时，用“水至平而邪者取法，镜至明而丑者无怒”来解释李严的行为，以及赞扬诸葛亮的公正风范。



本句以不好的事物能够被水和镜子照出缺点，而不会心存怨恨为比喻，说明只要执法者能够做到公正无私，犯罪者即使受到处罚，也不会心生怨气的道理。在三国时期，蜀汉的法律是比较严厉的，李严、廖立等大臣都受过诸葛亮的重罚，但他们没有怨言，这不能不说是诸葛亮执法必严，且对事不对人的结果。这句话常用来表达公平执法的重要性。

**崇德莫大乎安身，安身莫尚乎存正，存正莫重乎无私，无私莫深乎寡欲。**

——晋·潘尼《安身论》

【大意】

追求高尚的道德首先要使自己身心安定，要使自己身心安定就要有一颗公正之心，要使自己有一颗公正之心就要具备无私的精神，无私精神的培养在于清心寡欲。

【解读】

西晋时期，政治黑暗，世家大族之间互相倾轧，社会动荡不安。身居要职的潘尼崇尚儒家的道德仁义，为了表明高洁的志向，写了《安身论》一文。其中这句话是全文的核心思想，简言之，就是让自己身心安定、为人正直的方法，在于没有私心、清心寡欲。他还入木三分地刻画了那些利欲熏心之人攀权附贵投机钻营的丑态，并警告说，这种行为“大者倾国丧家，次则覆身灭祀”。

如今，一些党员干部受物质、金钱的诱惑，丧失了公正之心，情为“人”所系，权为“人”所用，利为“人”所谋，不仅给单位、国家造成了极大的损失，自己也落得身败名裂。这句话常用于提醒人们要节制私欲。



## 奉法不阿，君之义也。

——《后汉书·郅恽列传》

【大意】

公正而不逢迎附和地执行法律，是您应当遵从的原则。

【解读】

东汉人郅恽为替朋友报仇而杀了人，随后到县衙投案自首。由于他是县令的属下，县令对是否将其逮捕犹豫不决。郅恽见此说道：“我为朋友报仇，这是我个人的私事；公正地执行法律，是您当遵从的原则。让您丧失公正而保全我的性命，这不是我的气节。”说完他自己直接跑到监狱去服刑。

为朋友报仇就随意杀害他人，无论出于公心还是私心，这都是无视生命的表现，应当给予否定和批判；而郅恽要求县令维护法律公正，不能因自己是其属下就网开一面，则值得肯定。法律的权威就体现在它的公正性原则，法律面前人人平等，量刑不应该受犯法者的权力大小、地位高低，以及人情关系等因素影响。这句话常用于强调要公正地执行法律。

**夫平均者，不舍豪强而征贫弱，不纵奸巧而困愚拙，此之谓均也。**

——北朝西魏·苏绰《六条诏书》



【大意】

所谓平均，就是不做庇护豪强而多收穷人税的事，也不做放纵坏人而让老实人吃亏的事，这就叫作“均”。

【解读】

北朝时期西魏大臣苏绰曾起草了一篇诏书，作为西魏的施政纲领，内容共有六条，后世因此称之为《六条诏书》，本句出自第六条“均赋役”。在古代，税收工作中充满弊端，有钱有势的人家或者逃税，或者把自己的税额转移到穷人头上。苏绰要求官员保证税收的公平性，不要让穷人、老实人吃亏，是符合公正这一社会公义的。

公正，是和谐社会应具备的重要属性。只有做到这一点，才能保证每个人的付出与回报价值相当，以及避免某些人逃脱自己应该

承担的社会义务。身为领导者，应该公正看待人和事，按照制度规范履行职责，以促进社会的和谐发展。这句话常用于表述公正的社会属性。

## 不以邪损正，不为私害公。

——唐·武则天《臣轨》

【大意】

不因邪念而损害正义，不因私情而影响公平。

【解读】

本句出自武则天撰写的为官指南《臣轨》。顾名思义，这是一部写给群臣以作为工作中奉行规范的著作。武则天认为，为官者在处理公务时，应该把个人的情感和欲望因素排除在外，以免干扰行政的公正性。这种观点不是武则天的独创，但将其作为官员的座右铭，很能体现武则天的治国风格。

要求官员排除个人感情、需求等因素，公正处理一切事务，这即使在今天也不是一件容易做到的事情；但如果处理公务时掺入私心杂念，就必然会出现徇私枉法等问题。武则天用这一规范要求臣下，但没能杜绝舞弊、徇私等现象；我们生活在距离唐朝一千多年的现代，有理由比古人做得更好。这句话常用来要求官员严格执法，排除人情和私欲因素。

## 劳臣不赏，不可劝功；死士不赏，不可励勇。

——唐·陈子昂《答制问事·劝赏科》

【大意】

不对有功劳的大臣进行奖赏，就不能鼓励人们勇于立功；不对为国捐躯的人进行奖赏，就不能激励人们勇于牺牲。

【解读】

唐代诗人陈子昂关心国事，希望在政治上有所建树。为官后，他直言敢谏，29岁时，曾向当朝皇帝武则天上书《答制问事》，提出轻刑罚、用贤才、纳谏士、赏功勇、减徭役等主张，在当时看来，这些都是最符合百姓利益和愿望的。其中，在赏罚方面，陈子昂总结历代经验教训，认为应该做到公正、分明，这是激励人们为国做贡献的一种方法。

在构建廉政党风的今天，无论职位高低，做出贡献就进行奖励，违反党纪则要进行追究处罚，只有建立功过分明、赏罚分明的激励和约束机制，才能在党内形成健康、积极的良好风气。这句话常用来强调赏罚公正的重要性。



## 理国要道，在于公平正直。

——唐·吴兢《贞观政要·论公平》

【大意】

治理国家最重要的道理，在于保持政令、措施的公平与正直。

【解读】

贞观年间，唐太宗曾对大臣房玄龄等人说："我近来听到隋代的旧臣都称赞高颎是难得的人才，于是我就去看关于他的记载。此人真可以说是公平正直，能识大体，只可惜被隋炀帝这样的无道昏君给冤杀了。再者，诸葛亮做丞相，也非常公平正直，《三国志》的作者陈寿称他：开诚心，布公道，尽忠国家。你们难道不该仰慕和学习他们吗？”房玄龄听后以此句对答，并引用《尚书》和孔子的话强调公平正直对国家安定、百姓顺服的重要性。

公平正义既是维系社会秩序的价值理念，也是国家实现善治的必然要求。当前，我国进行全面深化改革，就是以促进社会公平正义、增进人民福祉为出发点和落脚点。这句话常用来强调公平正义对国家建设和发展的重要性。

## 尽诚可以绝嫌猜，徇公可以弭谗诉。

——唐·刘禹锡《上杜司徒启》

杜司徒：指唐代史学家、政治家杜佑，官至司徒，著有《通典》。



【大意】

竭尽精诚，可以杜绝别人的怀疑猜忌；秉公办事，可以制止别人的谗言诽谤。

【解读】

唐顺宗永贞年间，刘禹锡等官僚士大夫发起了一场以打击宦官势力、革除政治积弊为主要目的的革新运动。最终，这场运动归于失败，刘禹锡也被贬为朗州（今湖南常德）司马。但是，朝中有人仍不放过他，不断向皇帝进谗言，想置其于死地。宰相杜佑多次暗中加以保护。刘禹锡得知此事很是感动，就写了这封信，回顾了自己与杜佑一同为官的往事，表达了自己忠于国家的赤诚之心。其中提到的这句话可以看做是刘禹锡为政经验的总结，也是他处事的一贯态度。

以赤诚之心对待他人，得到的是信任；遇事秉公办理，获得的是良好的口碑。在保障和推进社会主义公平正义的道路上，两者不可或缺。这句话常用来强调待人真诚、公正处事的重要意义。

**公无私者，其取舍进退无择于亲疏远迩。**

——唐·韩愈《送齐皞下第序》

迩：近。

【大意】

公正无私的领导者在选拔任用人才时，不以亲疏远近为标准。

【解读】

齐皞（hào）是唐德宗时宰相齐映的弟弟，在参加科举考试时，没有考中，但齐皞的心态非常端正，认为自己没有考中是因为能力不足，表示会继续努力。韩愈在这篇写给齐皞的送行文章中称赞了他不怨天尤人的心态，批评了因未被选中而责怪主考官的人，并阐发了“选拔人才务必公正”的道理。

从古到今，人情关系始终是困扰领导者的一个因素，也出现过不少利用权力为亲人朋友“安排”职位的官员。这种“安排”严重破坏了选拔人才的公正原则，不仅不能做到人尽其才，还严重损害了国家的形象。为避免这种情况的发生，一方面要靠法治建设的完善与群众路线的推进，另一方面也要靠官员本人加强自律，不以私害公。这句话常用来表达公正用人的基本原则。



**至公大义之为正。**

——宋·苏轼《后正统论三首》

【大意】

将“公”做到了至高极致，就是所谓的“正”。

【解读】

“公”与“正”如何联系起来呢？苏轼在这里给出了答案：做到了最大限度的“公”，也就实现了“正”。所谓“正”，实质是让不同群体都能够各得其所，使各方面利益都得到兼顾；而只有做到“至公”，才能心境平和地倾听不同群体的声音，分析其利益乃至争执所在，从而公正地进行处置。

如何实现公正，无数有识之士提出了各种解决方案。在古人看来，解决问题的方案固然千千万万，但核心一点是必须坚持公心。这也是儒家思想的一贯传统，即从“反求诸己”的角度，将社会问题转化为自身问题，通过自身道德境界的完善，来实现社会问题的解决。这无疑也给我们提供了一种思路，因此，今天我们也常用这句话来强调矛盾的仲裁者、利益的分配者，首先必须是一个道德高尚的公心者。



**自天子至于庶人，无一人之不学。**

——宋·朱熹《经筵讲义》

【大意】

从天子到平民，没有一个人不需要学习。

【解读】

朱熹是我国古代著名的思想家，也是卓有成就的教育家。他提出无论皇帝或平民都需要学习的观点，并强调学习具有改变气质秉性的功效，认为全民学习可以使国家“治日常多而乱日常少”，主张给全民以同等的受教育机会。朱熹的观点，既是对孔子“有教无类”教育观的继承，也是其自身公正态度的一种体现。

朱熹所强调的这种公正，在今天来说也是有意义的。虽然我们的文教事业建设已经取得了很大进步，但并不是所有人都能享受充分的教育资源，尤其是身处老少边穷地区的少年儿童，常因经济原因不得不辍学。古语说：授人以鱼不如授人以渔。我们要建设一个公正的社会，就有必要让全民在教育上获得公正的对待，否则一切无从谈起。这句话常用来解释教育公平的重要性。

## 持心如衡，以理为平。

——明·刘基《官箴》



衡：秤。

【大意】

处理政务时，心要像秤一样保持平衡，把真理作为评判的标准。

【解读】

刘基，字伯温，元末明初著名政治家、文学家，开国功臣。元朝末期，刘基被铨选为瑞州高安县（今江西高安）县丞，从此走上仕途。刘基下定决心砥砺名节，做一个清正廉明的好官，所以写下《官箴》以自律明志。有一次，新昌州（今江西宜丰）发生了一起命案，初审已结案，凶手被判为误杀，所以没有判死罪。原告不服，喊冤上诉，刘基受理此案后，仔细复查，发现初审官员受贿包庇罪犯的事实。最后，凶手依法偿命，初审官受贿渎职而被罢官。此事传开，刘基被百姓呼为“慈父”。

现代政治文明的构建中，公正是极为重要的价值目标指向，是社会和谐的一杆秤——也即刘基所说的“衡”。本句意在提醒：从政者为民办事，一举一动，一“秤”一“量”，都应出于公心与法理。

**公则四通八达，私则偏向一隅。**

——明·薛瑄《读书录》

【大意】

心存一个“公”字，则一切豁然开朗、四通八达；若只有一个“私”字，则偏向一隅、处处受困。

【解读】

公与私之间的对立冲突，在讨论“公正”这一命题时经常引起注意。要言之，只有做到“公”才能心境坦然、通达透彻，才能处事公道、不偏不倚；反之，一旦“私”字上心头，则必然心胸狭隘、困居一隅，必然处事不公、有所偏颇。这正是这一句话所蕴涵的道理，既简单明了，又深邃悠远。

薛瑄是明代著名理学家，也是一名作为卓著的官员。24年仕途生涯，他大多执掌法纪，曾任监察御史、大理寺少卿和大理寺卿，其为人清正廉洁，其执法刚直不阿，其品格高风亮节，赢得了时人及后世的敬重赞扬。这一番话，实际上也是他身为监察官员的切身感悟之言。今天我们也常用这句话来勉励官员，为官务必要扫除私心杂念，以公心执公事，从而实现公正公平。

**吏不畏吾严，而畏吾廉；民不服吾能，而服吾公。**

——明·郭允礼《官箴》

【大意】

属吏可能不畏惧我的严厉，却一定会畏惧我的清廉；民众可能不服膺我的才能，却一定会服膺我的公正。

【解读】

这是明嘉靖年间无极县知县郭允礼所作的“居官座右铭”。据考，明代官俸微薄，但官员们却收入不菲，因为他们的主要收入不在于俸银，而在下级官吏的馈赠。上收下送，这样一级一级地收受馈赠，排到“七品芝麻官”的知县，便直接搜刮民脂民膏。有感于此，郭允礼在任所题书了这则官箴，并镌刻于石，立于衙门前，名重一时。郭允礼不仅是这则官箴的创作者，而且是身体力行者，他为官清廉，治政有方，政绩卓然。



这则官箴之所以近500年来一直备受人们称赞，是因为它反映了为官从政必须遵循的最基本的准则，也反映了广大人民群众发自心底的深情呼唤。在全面推进依法治国的今天，这句话常用来表达清正刚直、执法如山的执政理念。

**夫居官守职以公正为先，公则不为私所惑，正则不为邪所媚，凡行事涉邪私者，皆由不公正故也。**

——明·汪天锡《官箴集要·正心篇·公正》

【大意】

做官为政，应当把公正放在首位。公平，就不会因私欲而迷惘；

正直，就不会被奸邪所迷惑，凡是做事时产生邪念和私心的人，都是因为不公正的缘故。

【解读】

《官箴集要》是教谕（官名，负责教育）汪天赐奉大臣张维之命编辑而成，是历代官箴类作品中影响较为深远的著作之一。其中辑录了诸多历史人物的佳言善行，既有经国济世的学问，又有从政为官的智慧。公，就是处事公道，待人公平，凡事出以公心；正，就是为人正直，作风正派，不为名累，不为物惑。为官从政，一旦丧失了公平正直的品格，就难以抵挡种种私欲的诱惑，难以抵挡种种奸邪之徒的欺蒙和利用，而误入歧途。

打铁先得自身硬，只有自己行得端，走得正，才能做到百毒不侵，一身凛然正气。在深入开展党的群众路线教育实践活动，建设廉政高效、人民满意的服务型政府的今天，这句话常用来表达执政为民，全心全意为人民服务的坚定信念。



## 诚欲正朝廷以正百官，当以激浊扬清为第一要义。

——明末清初·顾炎武《与公肃甥书》

激浊扬清：冲去污泥浊水，让清泉喷涌上来。比喻清除坏的，发扬好的。

【大意】

要兴国安邦匡正百官，首先要做的就是祛邪扶正，惩恶扬善，弘扬正气。

【解读】

《与公肃甥书》是顾炎武写给在朝为官的外甥徐元文（字公

肃)的信。顾炎武与黄宗羲、王夫之并称明末清初“三大儒”,屡屡拒绝清朝统治者的征辟,终生不与其合作。他用此语激励外甥,为官要正气凛然,彰善瘅恶,不做没棱没角的庸官,不做汲汲于名利的和事佬,要明辨是非,爱憎分明,有所作为。

当前,改革开放已然进入深水区,我国正处于体制转轨、社会转型的重要时期,社会利益关系更为复杂。在各种利益冲突和矛盾面前,党员干部更应坦荡做人,锐意进取,努力创造出非凡业绩。顾炎武的这句话对于警示人们保持旺盛的革命斗志,切忌是非不分、随波逐流,具有重要的激励意义。

法治即依法治国，强调法律具有最高地位，任何人或机构都不能凌驾于法律之上。法治是中国共产党领导人民治国理政的基本方略，是社会主义中国的价值追求。坚持科学立法、严格执法、公正司法、全民守法，不断建设社会主义法治国家，是推进国家治理体系和治理能力现代化的必由之路。

中国很早就有了“法”的意识，“法”字古体写作“灋”，据东汉许慎《说文解字》：“灋，刑也。平之如水，从水；廌，所以触不直者，去之，从去。会意。”从“水”表示法律公平如水；廌是传说中的一种独角神兽，是公平正义的象征。古人将廌纳入法的范畴，赋予了法的正直而无偏颇的价值内涵。“法治”一词也有着悠久的历史。春秋战国时期，诸子百家之一的法家即主张法治，并提出了诸如“唯法而治”“以法治国”等主张。当然，中国古代的法治思想与近现代意义上依托民主制度的法治思想有着本质区别，但中国古代法治思想中也有积极的、带有普遍性的东西值得我们借鉴，如“法与时转”“因时修律”的科学立法观，法治胜于人治的最佳治国方式，“唯法为治”“事断于法”的行为准则，“明法去私”的司法公正途径等。

我们阅读和理解传统文化中关于“法治”的经典名句，应将其置于具体的历史背景和条件中，取其精华，从而对今日中国“法治”理念的建构及实施路径，产生全新的思悟。

清·谢荪《荷花图》

**君臣上下贵贱皆从法，此谓大治。**

——《管子·任法》

【大意】

不论君王还是臣子，不论上级还是下级，不论富贵还是贫贱，都遵循法度做事，这就是所说的天下大治状态。

【解读】

管仲认为，圣明的君主治理国家，应当依靠法度而不依靠智谋。尽管各有分工，君主设立法度，官吏执行法律，民众遵守法条，但归根结底，所有的人，无论什么身份地位，都是依法办事，这样才是国家与社会所能达到的最好状态。战国时期，秦国商鞅变法，太子带头不遵守法律，商鞅处罚太子的师傅以儆效尤，从此秦国再也没有人敢违背法令了。

1789年法国《人权宣言》提出“法律是公共意志的表现”，“在法律面前，所有的公民都是平等的”，这一原则后来被归纳为“法律面前人人平等”。中国也一直有句俗语：“王子犯法，与庶民同罪。”在今天，我国宪法明确规定“中华人民共和国公民在法律面前一律平等”，这是社会主义法治的基本原则。这句古语即用来表达这一原则。



**法者，天下之程式也，万事之仪表也。**

——《管子·明法》

【大意】

法是治国的标尺，是社会的客观准则。

【解读】

法制，是一个国家与社会的基本制度，从某种意义上说，起着衡量一切事物的作用，因此，管仲将其称之为“程式”“仪表”。只有每个人的行为都遵循法制，在法制允许的范围内活动，社会才能正常运转，国家也才能强盛。

习近平同志强调指出：“要把权力关进制度的笼子。”制度，就是法制。依照法制管理国家，就是法治。法治社会，是人类文明发展的必由之路。法治社会的目标，正是使法制成为众人皆遵守尊重的最大准则。今时今日，要将古人的蓝图化为现实，就需要每位公民的共同努力。这句话常用来强调法的重要性。



**道之以政，齐之以刑，民免而无耻；道之以德，齐之以礼，有耻且格。**

——《论语·为政》

格：正，又可解释为“至”。

【大意】

用政令来治理百姓，用刑法来整顿他们，老百姓只求能免于犯罪受惩罚，却没有廉耻之心；用道德引导百姓，用礼制去同化他们，百姓不仅会有羞耻之心，而且还会到达正道。

【解读】

孔子认为，政令和法制是外在的强制手段，仅仅通过强制手段治理国家，民众往往处于被迫的境地，即使表面遵守，却没有发自内心认同，缺乏精神支撑；而道德礼仪才是内在的思想支柱，通过道德礼仪教化民众，提高民众的知识文化水平，让他们自觉认识到各种社会制度的意义，从而自我约束、自我规范，这才能达到社会发展最好的效果。

自古以来，法治与德治就是一组辩证统一的概念。理想的法治必须有道德的支持。社会主义法治，走的正是与德治相结合的道路。习近平同志在主持中共中央政治局就我国历史上的国家治理进行第十八次集体学习时指出，“我国古代主张礼法合治、德主刑辅”，即是此义。这句话常用来形容法律与道德之间相辅相成的关系。

**刑罚不中，则民无所错手足。**

——《论语·子路》



错：同“措”，放置。无所错手足，即不知所措。

【大意】

刑罚不得当，百姓就会不知所措。

【解读】

春秋时期，卫国国君邀请孔子协助治国。弟子子路问孔子准备如何治理国家。孔子表示，必须从正名分开始，因为名分不正，说起话来就不顺当合理；说话不顺当合理，事情就办不成；事情办不成，礼乐也就不能兴盛；礼乐不能兴盛，刑罚的执行就不会得当；刑罚不得当，百姓就不知怎么办好。也就是说，一旦法律得不到顺畅的施行，民众行事就会缺乏依据，社会秩序就会被严重影响，国家也会因而衰落。

“中”，即适当、恰好，不偏不倚，是儒家非常看重的一种状态。作为国家尊严象征的法律，应当且必须达到这种状态，才谈得上公平公正。法制若没有固定的标准，忽上忽下，时紧时松，就不免会失去权威性、严肃性，进而失去公信力。这句话常用来指法律作为社会准则的重要性。

**当时而立法，因事而制礼；礼法以时而定，制令各顺其宜。**

——《商君书·更法》

【大意】

顺应时势而建立法度，根据国家的具体情况制定礼制；礼制和法度都要根据时势来制定，法制、命令都要顺应当时的社会事宜。

【解读】



战国时期，商鞅在秦国变法之初，因为触犯贵族利益，遭到很多保守派大臣的抵制和反对。于是秦王就让这些大臣公开与商鞅辩论。保守派大臣认为，法度是前人传下来的制度，不能随便更改。商鞅对此进行了反驳，指出法度不能一成不变，而应该根据时代社会的发展而发展，任何法制、政令都需要建立在符合实际的基础上。

法制制度应该随着时代进步而不断完善，若一味抱残守缺、因循守旧，必然无法适应日新月异、瞬息万变的社会，也就起不到应有的效果。中国自1954年第一部宪法颁布以来，先后制定了四部宪法（分别为1954年、1975年、1978年、1982年），并在1982年宪法的基础上4次以修正案的形式对其进行完善。这句话常用于表达法律应当与时俱进的思想。

**徒善不足以为政，徒法不足以自行。**

——《孟子·离娄上》

【大意】

只有善德而无法律支撑，不足以处理国家的政务；只有法令而不通过仁政推广，不可能让法律自己产生效力。

【解读】

孟子认为，即使像鲁班那样的能工巧匠，不依靠工具，也不可能做成器物；即使像师旷那样的音乐家，不依靠音律，也不可能谱写乐曲；即使是尧舜那样的圣明君主，不依靠仁政的实施，也不可能治理天下。一切都需要有所凭借，仅有美好的品德或威严的法令都是不可取的，必须把二者结合起来，才是最好的途径。

法律的生命在于实施。任何一部法律，其有效实施的终端都在于法律的执行。但法律的执行不能只依靠强制手段，必须与社会风俗、道德习惯、文明文化等结合在一起，才能逐渐发挥作用。尤其是善与法，用今天的话来说，就是德治与法治，更需要相互依存缺一不可。这句话常用来阐明德治与法治的关系，也用来说明法律的效用在于实施。



**不教而诛，则刑繁而邪不胜；教而不诛，则奸民不惩。**

——《荀子·富国》

【大意】

不用礼仪教育而只是用刑罚杀人，这样虽然刑罚多，但压不下歪风邪气；只用礼仪教育而不实行刑罚，这样做坏事的人就受不到惩戒。

【解读】

荀子是先秦儒家后期的集大成者，但他的思想又不局限于儒家，而带有法家色彩，因此非常强调法治对治国的作用。荀子认为，法治需要配合仁政，相互结合，才能达到治理的最好效果。在这一点上，荀子与以商鞅、韩非为代表的法家又有很大区别。历史证明，只有严厉刑法的社会，缺乏人与人之间基本的情感交流，即使是施法者本人，也往往会落得悲惨下场。

建设法治社会的根本目标，是为了让社会更和谐更美好。道德建设的目标与此一致。从人类文明发展历程来看，道德起源远远早于法制，法制的形成建立在原始的道德之上，因此可以说，道德是法治的灵魂。在现代社会，法治是治国方略的基础，德治则是推进法治的有效力量。在中国特色社会主义的建设道路上，依法治国，是现代文明的必然要求，而以德治国，能增强整个社会的精神文明素质，两者不可偏废。这句话常用来形容法治与德治的密切联系。



**法者，治之端也；君子者，法之原也。**

——《荀子·君道》

【大意】

法制，是政治的开头；道德自律的君子，是法制的本原。

【解读】

由于儒家的本源，荀子异常重视“君子”，即人在法治实施中的重要性。他认为，有君子，法律即使简略，也能够顺利执行；如果没有君子，法律即使完备，也不能得到很好的推广和执行，无法应付事情的各种变化，就会造成混乱。

没有好的立法者，无法制定出好的法律；没有好的执法者，再好的法律也等同于一纸空文。因此，一个国家、一个社会，是否能够真正形成良好的法治氛围，关键因素其实在于人。唯有提高每个人的道德修养与法律素质，法治社会才有最有力的保障。这句话常用来指人对法治的重要影响。

**国无常强无常弱，奉法者强则国强，奉法者弱则国弱。**

——《韩非子·有度》



【大意】

国家不会永远富强，也不会长久贫弱。执行法令的人坚决，国家就会富强；执行法令的人软弱，国家就会贫弱。

【解读】

韩非子将“奉法”作为国家治乱兴衰的关键。他认为，不论哪个国家都有相应的法度，国家兴衰的关键在于掌握法度的人。他以楚庄王、齐桓公、燕襄王、魏安釐王为例，说明谁真正掌握住法度，谁才能最终强大。在这里，韩非把依法而治看得高于一切。的确，西周传下来的淳厚民风民俗，被春秋战国数百年战乱冲击得一塌糊涂。面对混乱的社会，不依靠法治，任何国家都无法生存下去。只有以法治国，用法度来约束人们的社会行为，国家才能强大。

这句话道出了国家强弱转变的历史辩证法，强调当政者能否实行法治，以及执法的态度是否坚决，正是这个转变的关键点。这在当时具有历史进步意义，也应为今人所借鉴。

**法已定矣，不以善言售法。**

——《韩非子·饬令》

售："害"字之形误，损害。

【大意】

法令既经确定，就不要因为仁义之言来损害法令。

【解读】

以韩非为代表的法家十分注重法律的外部约束。他们认为，人性是自私的，如果任凭私欲泛滥，就会危害社会的安定团结，因此主张把人们的私心控制在法律许可的范围内。法家还认为，人的一切道德意识皆源于对法的认知，没有好的法律意识就不会有好的道德质量。因此，他们把遵纪守法列为社会规范，以法制意识对社会道德进行引导。若超越法律来强调善，则会破坏法律的施行，从而破坏社会秩序。



在当今法治社会中，我们同样不能仅仅因为一个法律规则违背了所谓的道德评论而否认它作为法律的权威性，任何人都不能以道德的名义干扰或侵犯法律。这句话说明，法律的制定和施行不应受到以道德为名义的干扰。

**法与时转则治，法与世宜则有功。**

——《韩非子·心度》

【大意】

法律顺应时代变化就能治理好国家，统治方式适合社会情况就能收到成效。

【解读】

《韩非子》中有则寓言讲到，周文王施行仁政使古戎部落臣服，徐偃王也实行宽仁的统治却被楚国所灭；舜派人手持盾牌与大斧对着苗人跳舞，使得苗人臣服，而对共工氏跳同样的舞却被杀得大败。由此可见，不同情况下实施同样的政策，结果会大相径庭。韩非由此引申到法律的制定，认为为政者应根据不同时代的特点与要求，制定不同的法律政策。

社会是变化发展的，法律制度也应随之变化，不能因循守旧、墨守成规。法律必须紧随时代的发展，才能成为治国的有效手段。这句话说明了法律的与时俱进原则。



**约束不明，申令不熟，将之罪也；既已明而不如法者，吏士之罪也。**

——《史记·孙子吴起列传》

吏士：官兵。

【大意】

纪律交代不清，号令掌握不熟，这是将领的过错；如果已经交代得清清楚楚，却不遵照号令行事，那就是军官和士兵的过错了。

【解读】

春秋时期著名的军事家孙子，到吴国去施展才干。吴王阖闾对他将信将疑，挑选了一批宫女让他当场训练，又让自己的两名爱妃充当队长。训练开始，宫女们都不听从号令。孙子三令五申，宫女们还是嘻嘻哈哈。孙子就说了以上两句话，下令将两名队长斩首，吴王大惊，急忙求情，孙子仍然坚持执行军法。如此一来，宫女们立刻严肃起来，令行禁止，绝对服从。吴王虽为孙子斩杀爱妃而生气，但他爱惜孙子的才干，拜为上将军。此后在孙子的率领下，吴军西败楚、越，北破晋、齐，打出赫赫声威，成为一代强国。

法律的生命力在于实施，只有在有效实施中，法律才能彰显其作用和价值。这句话告诉我们，有法必依、执法必严、违法必究，应成为全社会的共同守则予以遵循。

**法令所以导民也，刑罚所以禁奸也。**

——《史记·循吏列传》



【大意】

法令用以引导民众向善，刑罚用以阻止民众作恶。

【解读】

春秋时期，郑昭君任用宠臣徐挚为相，导致国政昏乱，官民不和，父子不睦。之后，昭君改任子产为相。子产遵奉法度，严守规则。他将刑法铸于鼎上，向全国颁布，成为我国第一位将刑法公布于众的人，被称为法家的先驱。子产执政一年后，民风扭转、老幼安乐；两年后，买卖公平、市场繁荣；三年后，路不拾遗、夜不闭户。可见，子产制定的法律使郑国民风淳朴向善。子产为相二十六年后去世，他去世时，郑国国民痛哭失声，集体为他哀悼。

今天，我们要通过法律制度的制定和实施，鼓励行善，培育美德，惩治恶行，抑制恶念。这句话常用于强调：要重视发挥法律的

教育、引导作用，通过良好的法律制度来规范行为、教化人心。

**不法其已成之法，而法其所以为法。**

——《淮南子·齐俗训》

【大意】

不照搬古人曾经订立的法律，而学习他们立法的原则。

【解读】

《齐俗训》是一篇谈“变化”的政论，认为世间万物都在不断发生变化，礼义法令也不例外。作者指出：五帝三王以法治国，但是他们的法律都是针对当时具体情况制定的，后人不能照抄过来使用，他们制定法律时遵从的那些原则才是后人所应该效法的。

用现代思想解释本句的内涵，就是用发展的眼光来探讨“法治”。依法治国是我们不可动摇的基本理念，但是法律本身属于上层建筑，应该在基本原则不动摇的前提下，随着经济基础的发展而更新，否则在执行中就会出现“老革命遇见新问题”的困惑，也就无法保证做到依法治国了。这句话常被用来解释法律更新对于法治的重要性。



**信赏必罚，以辅礼制。**

——《汉书·艺文志》

【大意】

该赏的一定要赏，该罚的一定要罚，以此来辅助礼制的推行。

【解读】

本句出自《汉书·艺文志》，班固以此作为他对法家学派的评价。法家是战国时期形成的一个学派，强调以法治国，重视君主的权威，以及赏罚的公平，可以称为我国古代的“法治派”。由于上古时期强调“礼”在治国中的作用，儒家学者通常把“法”看作“礼”的辅助，班固也受到这种影响。实际上，法家是重视“法”胜过重视“礼”的。

所谓“信赏必罚”，就是要求把赏罚落到实处，以确立法律的严肃性，维护国家的权威。只有赏罚公平，才能真正建立起一个法治社会。如果一个国家的法律总是受到各种因素干扰，该受奖励的人可能遭到遗忘，该受惩罚的人可能侥幸逃脱，法律即使再严厉周密，也起不到奖善罚恶的作用。这句话常用来强调执法公正的意义。



**法坏则世倾，制败则欲肆。**

——汉·荀悦《申鉴·政体》

【大意】

法律不能严格执行，世道就危险了；制度遭到败坏，私欲就会肆意横行。

【解读】

荀悦生于东汉后期，是汉末动荡的亲历者，因此在富国强兵、平乱安民方面颇有见解。正因为作者曾经目睹东汉后期法制崩坏、无纲纪可言的混乱政局，以及这种混乱给东汉王朝造成的惨痛后果，所以他能够说出“法坏则世倾，制败则欲肆”这样强调法律的重要性、要求强化法治的名言。

法律是带有强制性的社会规范，对于维护社会秩序有重要作用。如果法治不能推行，公序良俗就会逐渐遭到破坏，社会也将逐渐失去稳定性，最终将造成巨大的混乱，给国家和人民带来的损失是难以预计的。因此，我们有必要防微杜渐，进一步加强建设法治社会，把问题消灭在没有露头之前。这句话常用于解释依法治国的必要性。

## 制法而自犯之，何以帅下？

——《三国志·魏书·武帝纪》裴松之注引《曹瞒传》



【大意】

制定法律，自己却触犯，还怎么给下属做榜样呢？

【解读】

东汉末年，曹操曾经颁布军令："将士不许践踏麦苗，违反者处死。"不料，他的坐骑受惊，踩进了麦田。曹操为了严肃军纪，命令主簿（相当于秘书长）定自己的罪，主簿不肯，曹操就说了这句话。最终，曹操拔剑割断了自己的头发，以此代替斩首之刑（古人讲究身体发肤受之父母不可毁伤，割发可以算是不孝之大罪）。将士看到这一幕后，知道曹操有严格执法的决心，就更不敢违犯军令了。

曹操以身作则，显示法治决心。想要搞好法治，领导者的表态固然重要，但下属更多的时候还是在看他怎么做，而非怎么说。平时说得再多再好，如果一旦问题涉及自己或自己身边的人就变了调子，这样的领导者也是没法搞好法治建设的。这句话常用于指出领导者在法治建设中的榜样作用。

**尽忠益时者虽仇必赏，犯法怠慢者虽亲必罚。**

——《三国志·蜀书·诸葛亮传》

【大意】

能够竭尽忠诚、为国家作出贡献的人，虽然以前有矛盾，也一定加以赏赐；触犯法律、工作态度怠慢的人，即使关系亲密，也一定予以处罚。

【解读】

诸葛亮不仅是一位尽人皆知的贤臣、能臣和出色的军事统帅，也是一位公正的领导者。他对于下属中有才能的人一向放手任用，如杨洪、何祗展现出才能之后，很快就官至太守。相应地，对于有过错的人，诸葛亮也会依照法律进行处罚，如马谡、廖立都曾是诸葛亮所看重的人，但犯罪之后或被处死，或遭流放。这种赏罚分明、不为私情所惑的法治作风，在当时是人所难能的。

身为领导者，因个人好恶而破坏法律，是不可取的。法治的第一要务在于保证法律的公正性，如果制定了法律却因私情而歪曲它，那么要法律有什么用呢？诸葛亮是深得此中三昧的，值得我们学习。这句话常被用来形容坚守法治、赏罚公平的人。



**礼之所去，刑之所取，失礼则入刑，相为表里者也。**

——《后汉书·陈宠列传》

【大意】

不受礼约束的言行，就应该纳入刑法的范畴中，如果一个人的行为超出了礼的规范，他就要落入刑罚的制裁范围之中，这就是礼和刑互为表里的关系。

【解读】

汉和帝时，官至廷尉（主管司法的最高官吏）的陈宠，针对当时律令条例的一些弊病，参照周代法律的原则，对律法进行了修改。其中最有意义的一条，就是提出“礼”和“刑”互为表里的主张。古人认为，礼是从正面规范人们的言行，而刑则是对违法背礼的行为进行处罚。这种礼在则法在，礼失则刑补，礼以导之教之，刑以罚之惩之，两者互为补充的状况，正是中国法律传统的真实写照。

就当今而言，德治是思想建设，属于精神文明；法治是政治建设，属于政治文明，二者范畴虽有不同，但地位和作用却同等重要。对一个国家的治理，法治与德治从来都是相辅相成、相互促进的。因此要将二者紧密结合，实现依法治国与以德治国的统一。这句话常用来表达德治与法治之间的联系。



**法立，有犯而必施；令出，唯行而不返。**

——唐·王勃《上刘右相书》

施：进行惩治。　　返：同“反”，违反、违背。

【大意】

法律一经制定，如有违背必须受到惩罚；政令一经下达，就必须执行而不能违反。

【解读】

初唐四杰之一的王勃生于书香门第，自幼聪颖好学，史书记载，他六岁就能写一手好文章。唐高宗年间，宰相刘祥道巡行地方，视察民情。当时年仅十四岁的王勃为表达自己对治国理政的看法，就写了这封信呈递给刘祥道，其中提到对于已经制定和颁布的法令必须严格执行，不应有任何违背和徇私。刘祥道看信后对王勃大加赞赏，称之为"神童"。

法律是治国之重器，实行依法治国，就要维护法律的权威性，对于违法乱纪的行为严惩不贷，绝不姑息，这是建设中国特色社会主义法治体系的前提和保障。这句话常用来强调法律的实施要遵从执法必严、违法必究的原则。



## 理国守法，事须画一。

——唐·吴兢《贞观政要·刑法》

【大意】

治国守法，必须统一。

【解读】

唐太宗贞观年间，武将高甑生违抗李靖的节制调度，反诬告李靖谋反，结果被判流放到边远地方。当时有人上书为他求情说："高甑生是当年秦王府（唐太宗李世民曾为秦王）的功臣，请陛下宽免他的过错。"唐太宗看后回答："他过去确实在秦王府出过力，但是治国守法，必须统一，今天如果赦免他，就开了侥幸之路。以后凡是有功的人，都会依仗功劳，犯法作乱。"于是驳回上书，维持原判。

清明社会的出现，必须以法治作为前提，而且要保证执法的公平公正，不允许任何人有凌驾于法律之上的特权。这也是我国当前推行依法治国方略，建设社会主义法治社会的保障。这句话常用来阐述治国与守法之间的关系。

## 以德礼为先，而辅以政刑也。

——唐·韩愈《潮州请置乡校牒》

【大意】

以道德和礼法为根本，并辅之以政令刑罚。

【解读】

唐元和年间，时任刑部侍郎的韩愈因为谏迎佛骨，激怒了宪宗皇帝，被贬到潮州任刺史。来到潮州不久，韩愈就写了《潮州请置乡校牒》，认为治理潮州应该先重道德教化，再辅以政刑。要推行道德教化，就必须发展教育。于是，他大胆起用当地人才，大力兴办乡校。

“德礼为先，辅以政刑”是中国古代“德主刑辅”思想的体现，对当前中国全面推进依法治国仍有借鉴意义。试想，一个道德水准低下的社会，即使立法再严密，执法再严格，仍难以避免违法现象的发生。不断加强道德教育，从根本上提高国民道德素质，是降低犯罪的最佳途径之一。另外，注重道德感化，以平和的方式解决矛盾，也是当代社会发展的必然要求。这句话常用来说明道德和法治之间的关系。

## 法令既行，纪律自正，则无不治之国，无不化之民。

——宋·包拯《致君》

【大意】

法令执行了，纪律自然就严明，那就没有治理不好的国家，没有教化不好的百姓。

【解读】

宋仁宗时期，旱情曾造成各地动乱多发，包拯在多地巡察之后发现，与旱灾相比，更可怕的是民众觉得法律没有公信力。针对有法不依、执法不明的弊端，包拯提出了这个观点。包拯“以法律提衡天下”的法治主张及其执法如山的法治实践，给后人提供了极为珍贵的历史借鉴。

历史的教训告诉我们，公正是法治的生命线。司法公正对社会公正具有重要引领作用，司法不公对社会公正具有致命破坏作用。只有坚持有法必依，执法必严，违法必究，才能发挥法治的引领和规范作用，实现人民幸福安康、国家长治久安的中国梦。这句话常用来表明依法治国的重要性。



## 法施于人，虽小必慎。

——宋·欧阳修《〈春秋〉论下》

【大意】

法律施加于人民身上，即使遇到多么细小的事情，也必须谨小慎微。

【解读】

法律对于社会生活的重要性，是怎么描述也不过分的。对于法律的执行者来说，必须深怀对法律的敬畏，严格公正执法。不论多么细小琐碎的案件，也一定要谨小慎微，战战兢兢，如临深渊，如履薄冰，万万容不得一丝一毫的差错。

在社会形态更加复杂、诉讼纷争更加普遍的今天，这句话更具有深刻的现实意义，人们也常用这句话来表达对于执法者的告诫。有的案子，可能在执法者看来，只是他们受理的千百个案件中极其普通的一件，可是对于当事人来说，这可能是他们一生中第一次并且是最后一次与法律有如此近距离的接触，一旦遭遇任何不公，将直接决定他们今后对于法律的态度和信仰。此情此景，难道还不值得执法者为之悚然肃然，虔诚敬畏地对待法律、对待当事人吗？



**法出多门，人无所措。**

——《新唐书·刘蕡传》

【大意】

各部门自立法制，法令不能统一，无从执行，也让执法者和人民都不知道该依据什么法律来行事。

【解读】

唐文宗时期，宦官专权，扰乱朝政，引起朝野不满，南衙北司之争（以宰相为首的政府机构称为南衙，由宦官掌握的各种机构称为北司）时有发生。唐文宗想摆脱这种局面，征求贤良之士的意见，刘蕡（fén）上书提出：各部门自立法律，对执法活动造成干扰，最终造成有法律条文但是执行混乱的局面。

在当下社会，推行依法治国首先要维护宪法地位的重要性，任何法律都不能超出宪法的规定；其次，某些出于地方保护主义、部门保护主义制定的规章条例，在执行过程中往往互相冲突，导致无序，因此，只有坚决与以言代法、以权压法的现象作斗争，依法撤销和纠正违宪违法的规范性文件，才能切实地推进法治国家、法治政府、法治社会一体建设，促进国家治理体系和治理能力现代化。这句话常用来强调法令统一的重要性。

## 法贵简而能禁，罚贵轻而必行。

——《资治通鉴·唐纪二十六》



【大意】

法律条文贵在简明扼要而能禁止奸邪，刑罚贵在轻缓而能坚决执行。

【解读】

唐玄宗时期，大臣杨相如上疏议论时政。他指出：为避免重蹈隋亡的覆辙，皇帝应该勤于政事，抑制私欲，任用忠诚正直之士，摒弃奸佞邪恶之徒。还说：法律条文贵在简明扼要而能禁止奸邪，刑罚贵在轻缓而能坚决执行。目前正值彰明德教、除旧布新之时，希望陛下能将所有细文苛法尽行革除，并着重处理危害百姓和国家的重大罪行，如此方能制止邪恶。陛下如果能够使法律简明而难以违反，刑罚宽缓而能够制止犯罪，那么就可以称得上是善政了。唐玄宗读完奏疏，点头称善。

早在唐朝初期，社会还未安定。按传统应该“治乱世用重典”。然而，唐太宗认为，刑罚的目的不在于处罚人，而在于禁止人们触犯法律，所以刑不必重，而重在对人的约束。并以此为基点，确立了当时的律法体系，进而促成了“贞观之治”。的确，法律的制定不在乎繁简，刑罚的实施不在于轻重，其最终目的是要人们认识到法律既是保障自身权利的有力武器，也是必须遵守的原则和规范。这句话常用来强调法律和刑罚的目的和意义。

## 吏不良，则有法而莫守；法不善，则有财而莫理。

——宋·王安石《度支副使厅壁题名记》

【大意】

官员品行素质如果低下，就算有法令也难以得到遵守；法令本身如果存在问题，就算有大量资产也不知道如何打理。

【解读】

法律的施行是一项复杂工程，也可以说是一门艺术。这里面至少有两个因素值得注意，一是执法者，如果执法者素质参差不齐，即便法律制定得再好，也不过徒有其名；二是法律，如果法律从制定一开始就不是“善法”，犹如地基不实，则以后再怎么补救也难挽危局。

王安石的这句话正是从这两方面指出了这个道理。虽然针对的是“理财”一项，但对于法律的施行同样有其道理。遗憾的是，道理虽然领悟，但落实又是另一回事。王安石变法之所以失败，也有两个重要原因，一是用人不当，起用了大量品行有亏的小人；二是一些法令并没有经过深思熟虑，导致在实行中适得其反，副作用远大于正效应。今天我们也常用这句话来说明在法治建设中，人与法的建设应当齐头并进。

**治国而缓法制者亡，理军而废纪律者败。**

——宋·何去非《何博士备论·李广论》

【大意】

治理国家时放松法律制度的建立，就会导致灭亡；治理军队时不执行纪律规定，就会导致失败。

【解读】

《何博士备论》是北宋著名军事理论家何去非撰写的品评历代军事人物的著作。他在“李广论”一节，说李广是汉代难得的将才，厚待士卒，深受拥戴，然而，因为他治军只重私恩而不设严明的法纪，最后落得个“失律自裁”的悲惨结局。他以李广为例，发表了这段议论，意在强调从政者和治军者都要重视法律制度和纪律规定。



法治是社会有序运行的基本保障。一个国家要想长治久安，就必须严格依法办事，维护法律的尊严，确立法治的公信力，绝不允许“上有政策，下有对策”“徇私枉法”等现象的存在，否则就会破坏法律的权威性，导致腐败的滋生和违法行为的蔓延。这句话常用来说明严明法纪的必要性。

**以人从法，则公道行而私欲止；以法从人，则公道止而私欲行。**

——宋·杨万里《论吏部恩泽之敝劄子》

【大意】

个人依从法律，至公至正之道就得以实行，私欲就会打消；法律顺从个人，至公至正之道得不到实行，私欲就会产生。

【解读】

南宋诗人杨万里一生为官清正廉洁，心系百姓，当时的诗人徐玑称赞他“清得门如水，贫惟带有金”，只有那根御赐的腰带是镶金的啊！杨万里为人刚正不阿，遇事敢言，时常上书皇帝痛陈国家利弊。当时，吏部弊病丛生，官员徇私枉法现象屡见不鲜，杨万里为此上书，提出了立法和遵法的必要性，认为如果人的行为超越了法律规定，公正之心必然荡然无存，最终导致私欲纵横，国将不国。

法律的尊严、权威和公正就体现在它不以个人的意志和主张为转移，国家的治理、经济的运转、权利的行使，都应在法律的框架内进行。如此，国家和社会生活的法治化才能得到有序推进。这句话常用来强调公正执法和全民守法的重要性。



## 法度不正则人极不立，人极不立则仁义礼乐无所措。

——宋·陈亮《三先生论事录序》

人极：纲纪、纲常，这里指社会的准则。

【大意】

执行法律不公正，社会准则就不能建立；社会准则不建立起来，仁义道德和礼乐制度就不能很好地体现和执行。

【解读】

陈亮是南宋时期杰出的文学家、思想家。陈亮做学问不流于表面，而是“重实事”“讲实学”，致力于“济时、救国、经世、致用”。在法律方面，陈亮继承和发展了管子“仁义礼乐者皆出于法”的主张，指出执法要公正，法律本身要宽严得当、与时俱进，如此国家才能稳定，儒家崇尚的礼仪文明才能充分体现。

法治是社会文明的基础。要想全面建成小康社会，实现中华民族的伟大复兴，全面深化改革，完善和发展中国特色社会主义制度，实现国家治理体系和治理能力现代化，就必须完善法律制度，保证法律的公正，坚持依法治国、依法执政、依法行政。这句话常用来强调法律制度对国家发展和文明建设的重要性。



**公事在官，是非有理，轻重有法，不可以己私而拂公理，亦不可骫公法以徇人情。**

——宋·真德秀《西山政训》

拂：违背。　骫（wěi）：枉曲。

【大意】

公家的事情要由官府来处理，是非都有依据，量刑轻重也有法度可依循，不可以因自己的私心而违背公理，也不可以歪曲法律来顺从私人感情。

【解读】

真德秀是南宋著名理学家，也是一位政绩颇著的大臣。真德秀从政时，胸怀忧国忧民之志，竭诚于职守，希望通过自己的作为影响其他官员，使处于内外交困之中的国家摆脱危机。他在泉州做地方官时，写下了很多座右铭来激励自己，并训导属下要做个好官，这些座右铭汇集在一起，就是《西山政训》。在书中，真德秀

提出官员应当遵纪守法，判决案件时要遵从法令，严格公正，不得徇私。

法律的精髓在于公正。能否做到不徇私情，公正执法，直接关系到法律的尊严和社会秩序的建立。当前我国全面推进依法治国，就是要完善以宪法为核心的中国特色社会主义法律体系，加强宪法实施，同时保证公正司法，提高司法的公信力。这句话常用来强调公法高于人情的道理。

## 天下之事，不难于立法，而难于法之必行。

——明·张居正《请稽查章奏随事考成以修实政疏》

【大意】

处理国家的事情，不是难在制定法令，而是难在让法令一以贯之地执行。

【解读】

明嘉靖时期，大臣张居正改革赋税制度，在全国范围推行一条鞭法，以改善当时的财政状况。但是，政令发布后却难以贯彻执行，改革受到阻力。于是他写了这个奏疏进呈给皇帝，提出制定考成法，即对各级官员进行绩效考核，以监督法令执行情况。

法治的生命在于法律法规的具体实施。法条在制定出来后，付诸实施之前，是处在应然状态；法条的具体实施，才能使法律法规从文本变成行动，从应然变成实然。构建社会主义法治社会，就应该加强领导干部在实际工作中对政策法令的执行能力，确保依法治国、依宪治国的顺利实施。这句话用于强调法令贯彻执行的重要意义。

## 国不可无法，有法而不善与无法等。

——清·沈家本《历代刑法考》

【大意】

国家不能没有法律，但法律如果不是善法，仍相当于没有法律。

【解读】

社会秩序的维护，一靠伦理道德，二靠法律规范。伦理道德天然具有“善”的因素，但法律呢？尽管后世的一些法学家提出“形式主义法学”的观点，认为“恶法亦法”，但在更多人，特别是在普通人看来，法首先应当是“良法”，方具有存在与施行的逻辑。道理很简单，法律的目的是为了达致善治，而恶法怎能实现这一目的？相反，它更可能助纣为虐地成为暴政者利用的工具。有这样的恶法，确实还不如没有法呢！



应当说，这一朴素话语不仅指出了法律的本质，也道出了人们对于法律所寄予的期待。今天人们也常用这句话来强调“良法”的重要性。对于立法者来说，这也要求他们在制定法律过程中，一定要顾及人们感受与社会需要、实施后果，让法律真正成为“良法”，成为为“善治”保驾护航的利器。

## 治国之法，为民而立者也，故其行也，求便于民。

——清·严复《〈法意〉按语》

【大意】

治国理政的法律，归根到底是为了人民创设的。因此，法律的施行，也一定要遵循有利、有益于人民的原则。

【解读】

法律所服务的对象是人民，这既是在我们国家中法律的阶级属性所在，也是古往今来有识之士倾注于法律之上的期待。概括地说，法律的制定要符合人民的愿望，法律的施行也应有利于人民利益的实现。这正是这句话所表达的核心内容。严复所生活的时代是积贫积弱、朽败不堪的晚清，作为放眼看世界、具有现代思想的先行者，严复对于法律的作用更寄予了深切情怀，即希望法律能够为国家富强、社会安定、人民幸福带来曙光。

我们今天强调法治，归根到底还是对“为民”“便民”的期盼——这既是法治的追求，也是法治存在的意义。要之，我们今天常用这句话来告诫从政者，法律绝不可成为一部分人的游戏或者谋取私利的工具，它所面对与服务的对象，只能是人民。

爱国

---

敬业

---

诚信

---

友善

社会主义核心价值观在个人层国首重爱国。爱国，是人们对自己祖国的深厚情感，是公民最基本的道德责任，是中华民族精神的核心。爱祖国的河山，爱祖国的人民，爱祖国的文化，是爱国的集中体现。在当代中国，爱祖国与爱社会主义是有机统一的。弘扬和培育以爱国主义为核心的民族精神是中国特色社会主义文化建设的内在要求。

作为中华民族宝贵的精神财富，爱国有着深厚的历史传统和文化渊源。从曹植的“捐躯赴国难，视死忽如归”到陆游的“位卑未敢忘忧国”，从文天祥的“人生自古谁无死，留取丹心照汗青”到林则徐的“苟利国家生死以，岂因祸福避趋之”，历代仁人志士饱含着强烈的爱国之心，也正是这种可贵的精神，使中华民族历经劫难而不衰。

爱国主义具有鲜明的时代性，在社会发展的不同阶段、不同时期有不同的具体内容。今天，我们在继承和发扬古人爱国情怀的基础上，应当给“爱国”一词注入新的时代精神，今天的爱国主义更加强调开放、包容和理性。

明·陈子和《苏武牧羊图》

## 意莫高于爱民，行莫厚于乐民。

——《晏子春秋·问下》

【大意】

没有比爱护百姓更高明的想法，没有比让百姓快乐更宽厚的德行。

【解读】

春秋时期，晋国大夫叔向曾向齐国政治家晏子请教："什么样的想法才是高明的？什么样的行为才是宽厚的？"晏子表达了上述看法。晏子在春秋诸侯争霸的战火中，难能可贵地从忧国恤民出发，坚持"仁政爱民"，把爱民看作是最高德行，施行与民生息、安居乐业政策。他位居宰相，却一生简朴，甚至将自家粮食用于赈灾，被孔子称为"救民之姓（性命）而不夸"。



不爱人民，谈何爱国？历代有识之士均认识到：爱护人民，就是爱护国家，是治国之要，一丝一毫不能偏离。唯有把国家、人民利益放在第一位，方能团结最广泛的民心、民力，众志成城，取得革命与建设的胜利。今天，我们推进社会主义现代化，更应以各族人民的幸福安康为最终目的。本句常用来阐释爱国与爱民的一致性。

## 爱民者强，不爱民者弱。

——《荀子·议兵》

【大意】

爱护人民的国家强盛，不爱护人民的国家衰弱。

【解读】

荀子在回答国家应该采取什么办法使军队称雄天下这个问题时，把民心向背和政治清明看作是战争胜负的首要条件，认为最强大的军队是“仁人之兵”。行仁义者政治昌明，这样的国家民众能够安居乐业，自然会团结一致，军队战斗力自然会强。

荀子以“舟”和“水”来比喻君民关系的名言，经由魏徵向唐太宗进言而广为流传。他认为，君主就像船，百姓就像水。水能载舟，也能覆舟。纵观世界局势，对人民施虐的政权，都因倒行逆施而被人民推翻。不忘历史，立足当代，维护人民利益，保障民族团结，就是爱国的重要体现。



**常思奋不顾身，以徇国家之急。**

——汉·司马迁《报任少卿书》

【大意】

常常想着，自己能在国家危难的时刻发奋向前，甚至可以不顾惜生命。

【解读】

《报任少卿书》是汉代史学家、文学家司马迁写给友人任安（字少卿）的一封书信。这句话是他对李陵的评价。司马迁为李陵辩护，触怒武帝，遭受宫刑。他以激愤的心情，陈述了自己的不幸遭遇，表达了要完成《史记》的坚定决心。司马迁用毕生心血完成的巨著《史记》，爱国主义情怀贯穿其中。他在书中歌颂祖国统一，倡导民族平等团结，注重爱国英雄人物的塑造。全书充溢着司马迁强烈的社会责任感与深切的历史使命感。

爱国主义精神受到历代史家的赞颂，书于史册，代代流传。它推动着中华民族政治、经济、文化和社会生活向前发展，在今日仍具有可贵的时代价值。这句话用以表达心存天下、舍身报国的爱国主义精神。

## 苟利国家，不求富贵。

——《礼记·儒行》

苟：如果。

【大意】

只求有利于国家，不求个人富贵。

【解读】

有一次，孔子回到鲁国，鲁哀公在公馆中接待他，并询问："怎样才算是真正的儒者呢？"孔子娓娓道来，列举了儒者的十七条特点。其中谈到："儒者向国家举荐贤能时，只考虑被举荐者有无真才实学，而不掺杂个人好恶。在充分考虑了被举荐者的业绩和才能后，才向国家推举。如此用心，只求所举荐者能为国家造福，自己却不求得到赏赐。" 中华民族自古具有优秀的爱国主义传统，儒家在其中所发挥的影响显然不可忽视。

我们平时说："舍小家，顾大家。"实际上，"小"利益与"大"利益存在着辩证统一关系——国家利益与个人利益在根本上是一致的，没有强大的国家作为后盾，个人的尊严很难得到保障。这句话常用来告诫人们，在国家利益面前不要计较太多个人得失。

**心正而后身修，身修而后家齐，家齐而后国治，国治而后天下平。**

——《礼记·大学》

【大意】

心志端正而后提高自身修养，提高自身修养而后整顿好家庭，整顿好家庭而后治理好国家，治理好国家而后天下太平。

【解读】

《大学》原为《礼记》中的一篇，是反映儒家思想的重要著作。宋代以前，《大学》的地位并不是突出，经两宋儒家学者的极力尊崇，该篇遂成为儒家经典中的重要篇章，与《中庸》《论语》《孟子》并称“四书”。“修、齐、治、平”是《大学》所要表达的重要思想。简单地说，修身是修养身心，使自己的心境修为超越常人；齐家就是管理好自己的家庭；治国就是治理好一个邦国；平天下就是使百姓丰衣足食、安居乐业，使天下太平。修身与齐家是个人准备，治国与平天下是爱国理想。

这句话为践行爱国主义指明了一条道路——要想国家大治、天下太平，需从自身做起，从身边做起，从家庭做起，常用来勉励年轻人脚踏实地，胸怀天下，勇敢承担社会责任。

**善为国者，爱民如父母之爱子、兄之爱弟，闻其饥寒为之哀，见其劳苦为之悲。**

——汉·刘向《说苑·政理》

【大意】

善于治国的人对待民众，就像父母对待自己的孩子、兄长爱护自己的兄弟一样，听到他们遭受饥寒，会为之感到哀伤；见到他们劳苦的状态，会为之感到伤悲。

【解读】

商朝末年，周文王向姜太公请教治理国家的方法。姜太公回答说："善于治理国家的人，他对待百姓的态度就如同父母关爱儿女，兄长关爱弟弟一样。"父母是怎么关爱儿女的呢？在家境贫寒的时候，父母宁愿自己挨饿也要让儿女吃饱，宁愿自己受冻也要让儿女穿暖。一个合格的为政者对待人民群众，就应该是这样一种态度。

对于为政者而言，热爱国家与热爱人民应该是统一的、一致的，人民的幸福，是为政者最大的追求，也是对为政者爱国精神的直接检验。这句话从人情角度提醒为政者应该爱国利民。



## 老骥伏枥，志在千里；烈士暮年，壮心不已。

——汉·曹操《龟虽寿》

骥(jì)：良马。　枥(lì)：马槽。

【大意】

年老的千里马虽然伏在马槽旁，仍有驰骋千里的雄心壮志；壮志凌云的人士即便到了晚年，奋发思进的心也永不止息。

【解读】

曹操作这首诗时，刚刚击退侵入中原的乌桓势力，即将施展一统中华的雄心。万物生长，盛衰消亡的规律不可违反，但曹操并未被有限的年华所束缚，而是抒发了自己积极用世、自强不息的人生态度。此时曹操虽已暮年，但斗志弥坚，他用诗的语言表达出人生有限而壮志无穷的哲理。壮志抒发之处，爱国主义情感油然而生。曹操虽不是传统意义上的忠臣孝子，但他改革创制，抵御外侵，奠定了全国统一的基础，对中华的发展起到了推动作用，为传统爱国主义精神注入了新的元素。

历史上，“老骥”大有作为的事例非常多，比如名将赵充国、马援、黄忠等，虽然年事已高，但在国家有需要时，都能主动请缨，建立功勋。这句诗常用来唤起大众的奋发进取意识，激发爱国情怀。



## 捐躯赴国难，视死忽如归。

——三国魏·曹植《白马篇》

【大意】

当国家有难之际舍命奔赴，把死亡看得像回家一样寻常。

【解读】

曹植的这首诗描绘了北方边境地区一位参与抗击外族侵略的游侠少年的形象，除称赞他高强的武艺之外，还强调了他为国忘家、不怕牺牲的爱国精神。本句是全诗的点睛之笔。这种精神，是祖先留给我们的宝贵精神财富。

热爱祖国、为保卫祖国不畏牺牲的先贤，自古至今，数不胜数，爱国精神已经融入了我们这个民族的血脉。虽然金戈铁马的日子已经远去，我们暂时无须为国家抛头颅、洒热血，但爱国主义仍然是当前最重要的价值导向之一。只有时刻不忘爱国，才能在祖国需要

时作出正确的选择，为保卫祖国、建设祖国贡献出自己的力量。这句诗常用于称赞为国献身的英雄行为。

## 烈士之爱国也如家。

——晋·葛洪《抱朴子·广譬》

【大意】

抱负远大、坚守节义的人，就像爱自己家一样热爱祖国。

【解读】

《抱朴子》的《内篇》宣讲道教理论，《外篇》讲治国之道，《广譬》就是《外篇》中的一篇，利用各种譬喻来解释道理。葛洪认为，一个有抱负、有道德的人，是会把国家当成自己家来爱护的，能够这样做的人不会不忠于国家。他的这种见解，充满爱国情怀。

家庭，对于每个人来说，都是值得爱的；相对来说，国家就显得太大、太远了一些，难免有人会产生“国家如何，与我何干”的错误想法。然而，如果国家不得安宁，个人、家庭的生活又怎么能过得如意？因此，有必要把“大我”和“小我”结合起来，在爱家的同时，也坚决做到爱国，真正理解个人与国家同呼吸、共命运的现实。这句话常用于表达个人对国家的热爱。



## 大丈夫宁可玉碎，不能瓦全。

——《北齐书·元景安传》

【大意】

身为大丈夫，宁可做玉器（指坚守道义）被打碎，也不能做瓦器（指自降品格）而保全下来。

【解读】

北齐是权臣高洋篡夺东魏帝位而建立的王朝，高洋登上帝位后，东魏末代皇帝的近亲都被他找理由杀掉，但还有很多远亲存留下来，元景安就是其中之一。为了保全性命，元景安与其他远亲商议，一起上奏皇帝改姓高氏。这遭到了元景安的堂兄元景皓的反对，并说了这句话，实际是以拒不改姓来表达对故国的热爱之情，以及不肯向新王朝妥协的决心。后来高洋得知此事，元景皓遂遭杀害。

像元景皓这样不肯屈从权势，拒绝投靠新主的例子，我国历史上还有很多，虽然其情节、形式各不相同，但都表现出了爱国精神与坚贞气节。这句话常用来表达坚守道义、不怕牺牲的意志。



**报国行赴难，古来皆共然。**

——唐·崔颢《赠王威古》

【大意】

为了报国前往危难之地，自古以来都是这样。

【解读】

全诗描写的是：年轻的边防将领王威古游猎途中，接到增援命令，立刻长途奔袭执行任务，并最终取得胜利。“报国行赴难，古来皆共然”，出自王威古之口，倾诉了其对国家的一片赤胆忠心。本句除了表现主人公谦虚的品格外，还表达出主人公把为国征战看

成平常小事的态度，更显其对国家的热爱发自肺腑。

有一句话说："不要问国家为你做了什么，应该问你为国家做了什么。"本诗的主人公显然是一位经常自问"为国家做了什么"的人。他面对别人的称赞，只说"自古以来都是这样"，这种品格是值得我们学习的。为国效力是爱国的表现；在效力中取得成就，却不居功自傲，这更是爱国的表现。这句诗常用于表达为了祖国不怕牺牲的决心。

**黄沙百战穿金甲，不破楼兰终不还。**

——唐·王昌龄《从军行》

楼兰：西域古国名。此处代指位处唐朝西方的敌人。

【大意】

在黄沙漫漫的戈壁上常年与敌人交战，极为辛苦，连身上穿的铁甲都损坏了；但不打败敌人，我们绝不回家。

【解读】

《从军行》是王昌龄所作的一组绝句的总题，本句出自组诗的第四首。诗句描绘了西北边塞战争的艰苦局面，以及将士克敌制胜、为国忘家的决心。唐朝虽是我国古代历史上的极盛期，但边疆始终没有太平过，很多将士长期驻守边塞，浴血奋战。王昌龄的诗作，表达了这些将士的心声。

古往今来，为国戍守边疆的军人都是可敬的，他们为了后方人民的太平生活，毅然选择镇守在荒凉的边塞，默默地为国家的安宁尽着自己的一份力。这些军人，是爱国者中最平凡的一群，也是最可爱的一群。无言奉献、不惧劳苦的他们，虽然看起来并无惊天动地之处，却如一块块砖石，层层叠叠组成巨大而坚实的护国长城。这句诗常用于表达对国家的热爱，以及保卫国家的决心。

**达人无不可，忘己爱苍生。**

——唐·王维《赠房卢氏琯》

【大意】

心胸豁达的人没有什么事情是想不通的，要紧的是能够舍身忘己，一心为百姓着想。

【解读】

这首诗是王维写给时任卢氏县（今河南三门峡市下辖县）县令房琯的。房琯政绩显著，深得百姓爱戴。王维勉励房琯要作豁达之人，出仕为官时，尽力做有益于百姓的事；身处逆境时，也不改变自己的志向和理想，时时不忘苍生。



爱国有多种方式，其中之一就是热爱人民，想人民之所想，急人民之所急。正因为爱国与爱人民是密不可分的，我们在实际工作中，就要努力做有利于人民的事情，捍卫人民的利益，勇挑重担，无私奉献，锐意进取，真正把爱国之志变为报国之行。这句诗常用于劝慰做人要达观，要时时为国家和人民的利益着想。

**欲为圣明除弊事，肯将衰朽惜残年。**

——唐·韩愈《左迁至蓝关示侄孙湘》

圣明：睿圣英明，封建时代常用为称颂帝王之辞，因也用作帝王的代

称。 弊事：有害于国家的坏事，这里指迎佛骨之事。 肯：哪肯、怎肯的省略。

【大意】

一心想为皇帝清除危害国家的弊政，怎么会顾惜我老迈衰弱的余年呢？

【解读】

韩愈主张兴儒辟佛，在任刑部侍郎时，给唐宪宗上《论佛骨表》，言辞激切地劝谏宪宗，不要大张旗鼓地迎接佛骨。宪宗看后大怒，欲杀韩愈，幸得宰相裴度等人力保，韩愈才免于一死，被贬为潮州刺史。当他离开京城来到蓝田时，侄孙韩湘赶来护送他前往被贬之地。于是，韩愈写了这首诗表明自己的心志。其中这两句申诉了自己因忠谏而获罪被贬之事，但他并不后悔，仍要坚持正义，为国家兴利除弊，表现了他刚正不阿的性格和为国家利益不顾个人安危的高尚品质。

今天，我们爱国，不再是为了某位"圣明"，也不太可能陷于如此悲壮的境地，但古人爱国尽责的拳拳之心，仍能激励我们树立为国为民的远大理想和生命不息报国不止的信念。这句话常用来抒发矢志为国、百折不回的情怀。



## 愿得此身长报国，何须生入玉门关。

——唐·戴叔伦《塞上曲》

玉门关：在今甘肃敦煌西北，是汉代重要的军事关隘和丝路交通要道。

【大意】

我愿以此身终生报效国家，大丈夫建功立业何须活着返回家园。

【解读】

这是唐代诗人戴叔伦在西北边陲表达报国之志的诗句，其中涉及东汉班超的故事。班超投笔从戎，在西域几十年，立下丰功伟绩。到了晚年，他思念家乡，上书朝廷，希望“生入玉门关”。为国家民族鞠躬尽瘁，老而思乡求返，本是人之常情，但以戴叔伦之见，班超的爱国还是不够彻底——他不应提出“生入玉门关”。这种观点虽有些不近人情，却体现了诗人的爱国之切和义无反顾的报国之心。

自古以来，无数中华儿女把报效国家看成自己的神圣职责和最基本的价值准则，为此付出一生，在中华民族历史上描绘出一幅幅壮美的图画。爱国不仅仅是一句口号，更需要我们用实际行动来兑现。这句话常用来激励人们要毕生为国效力。



**先天下之忧而忧，后天下之乐而乐。**

——宋·范仲淹《岳阳楼记》

【大意】

在天下人忧愁之前先忧愁，在天下人快乐之后才快乐。

【解读】

北宋庆历年间，大臣滕子京受到监察御史的弹劾，被贬到岳州巴陵郡（今湖南岳阳一带）做官。到任后，滕子京不计个人荣辱得失，以国事为重，勤政为民，办了几件好事，如扩建学校、修筑防洪长堤和重修岳阳楼等，受到了百姓的称赞。在重修岳阳楼后，他写信给好友范仲淹，请他作记，范仲淹提笔写下《岳阳楼记》。“先天下之忧而忧，后天下之乐而乐”是全文的名句，表达了作者把国

家、民族的利益摆在首位，为祖国的前途、命运担忧分愁，为天底下的人民谋求幸福的远大理想，也表现了他远大的政治抱负。

爱国精神很大程度上表现在忧国忧民的意识上，只有以天下为己任，吃苦在前，享乐在后，奋发有为，奉献社会，才能更好地为国家建设作出贡献，报效祖国，实现人生价值。这句话在今天广为传诵，成为爱国名句，用来表达高尚的为国为民情怀。

## 孤思一许国，家事岂复恤。

——宋·欧阳修《班班林间鸠寄内》

寄内：寄给妻子的诗。内，古代泛称妻妾。

【大意】

自己的全部心思都用在报效国家上，哪里还顾得上考虑家里的事情。



【解读】

北宋仁宗庆历年间，范仲淹、杜衍、韩琦等推行以整顿吏治为核心的“庆历新政”，但新政措施触犯了贵族官僚的利益，最终导致失败，范仲淹等人也遭到免职。这时，欧阳修写了这首诗给夫人薛氏，表明自己准备义无反顾地向皇帝直言利弊的决心。紧接着，他就上书仁宗，认为杜、范是可用的贤才，不应该被罢官。欧阳修此举遭到了一些官僚的嫉恨，最终被诬告贬官。但他一心为国、高昂不屈的人格精神，一直影响着后人。

爱国就是要把国家和民族的利益放在首位。为了国家的前途和命运，哪怕牺牲个人和家庭利益也在所不惜。而对于有损国家的言论和行为，我们也要勇于制止和纠正，维护国家名誉就是在维护个人的名誉。这句话常用来表达一心为国的决心和意志。

**死即死，我项岂顽奴砥石邪？**

——《新唐书·儒学列传》

【大意】

*要我死就杀了我吧，我的脖子岂是你们这些顽固不化者的磨刀石？*

【解读】

唐宪宗元和年间，节度使刘辟阴谋造反，推官林蕴数次劝谏，激怒了刘辟。刘辟下令把林蕴推到行刑台，叫人把剑架在他脖子上磨，以迫使他屈服。没想到林蕴毫无惧色，并说："要杀就杀，我的脖子岂是你们这些顽固的叛国者的磨刀石？"刘辟没有办法，只有放了林蕴，将他贬为唐昌尉。

林蕴的直面生死，令人想起同样忠心不二的南宋爱国诗人文天祥，宋亡被俘后，他拒绝利诱，不屈于酷刑，最终从容赴死。他们慷慨赴义的爱国主义精神可歌可泣，足以撑起中华民族的爱国脊梁。古人的"忠君死国"思想，有其时代局限性，但其维护民族大义和国家统一，反对分裂与战乱的爱国主义情操，仍值得新时代的我们放开胸怀，吸纳接受。这句话常用来表达为了国家利益不惜牺牲生命的决心。



**报国之忠，莫如荐士；负国之罪，莫如蔽贤。**

——宋·司马光《荐范祖禹状》

【大意】

报效国家最好的方式是为国家推荐人才，对国家最大的过错莫过于埋没人才。

【解读】

范祖禹是司马光编纂《资治通鉴》的得力助手之一。在《资治通鉴》编成后，司马光上了这封书，把范祖禹推荐给皇帝。文中提到：举荐有才能之人是大臣报效国家的最好方式，而范祖禹因长期帮我编写《通鉴》一书，致使这样的贤才被埋没，让朝廷蒙受损失，是我的过错。范祖禹被提拔后，同样很重视人才的选拔和培养。

如今，人才资源在综合国力竞争中的意义越来越重大，人才问题成为关系党和国家事业发展的关键问题。因此，我们应该将人才培养纳入国家经济和社会发展的总体规划，在尊重知识、尊重人才的同时，加强多种形式的岗位和技术培训，让人才为国家的建设作出应有的贡献。这句话既强调了人才资源对于国家发展的重要作用，又指出爱国的方式之一就是重视人才的选拔和培养。



## 位卑未敢忘忧国。

——宋·陆游《病起书怀》

【大意】

虽然自己地位低微，但是从不敢忘记忧国忧民的责任。

【解读】

陆游是南宋时期著名爱国诗人，一生渴望报效国家，收复失地。然而南宋统治者却偏安江南，不思进取。淳熙年间，陆游遭弹劾而罢官后，移居成都城西南的浣花村，一病就是二十多天，病愈后他写了《病起书怀》诗，共二首，此句出自第一首。诗中，作者想到自己一生屡遭挫折，壮志难酬，而年纪已大，不免有所慨叹和感伤。然而，这并不能打消他一心报国的意志。本句是全诗的主旨句，体现了诗人的爱国情怀和责任心。

这句话成为后世忧国忧民之士用以自警自励的名言，体现了中华民族热爱祖国的伟大精神，揭示了人民与国家的血肉关系。一个人无论职位高低，从生活中的点滴做起，立足本职工作，做出对国家和社会有益的事情，就是爱国的体现。这句诗常用来强调爱国是每个人的责任。



## 人生自古谁无死？留取丹心照汗青。

——宋·文天祥《过零丁洋》

汗青：古代在竹筒上书写，要先用火烤竹去湿，再刮去竹青部分，以便于书写和防蛀，称为汗青。因此后世把著作完成叫作汗青，也借指史册。

【大意】

自古以来有谁能够长生不死呢？但应在史册上留下自己一片爱国的诚心。

【解读】

南宋末年，文天祥临危受命，抗击敌人，以图复兴，不料兵败被俘，被困囚在船中。不久，敌人就威逼文天祥写劝降信，此时正经过零丁洋，文天祥于是写下这首诗以表明自己的志向。在他看来，人终有一死，但死也要对得起自己的国家。正是这一信念，让

文天祥在面对敌人的逼迫时，无所畏惧，慷慨就义。

如今，这句诗已成为许多爱国人士的座右铭，它展示了一位爱国者不屈不挠的坚定意志。而这种爱国情怀，也激励着后世千千万万仁人志士，为了国家的前途和命运奋斗终生。这句诗慷慨从容，常用于表达不屈不挠的爱国意志和坚贞的民族气节。

## 文臣不爱钱，武臣不惜死，天下太平矣！

——《宋史·岳飞传》

【大意】

如果一个国家，文官不贪财，武将不怕死，就能天下太平。

【解读】

“爱钱”与“惜死”，正是文臣武将各自最易犯的错误。南宋爱国英雄岳飞在内忧外患、国难当头之际，如此表达对天下太平图景的渴望，希望政治清明、百官各司其职。他自己，则真正做到了“不爱钱”和“不惜死”。然而悲哀的是，岳飞冤案的铸成，与偏安昏聩的皇帝、腐败贪婪的文官、贪生畏权的武将都有莫大关系。自毁长城的南宋，中兴终于无可救药地变成泡影。

克己奉公、廉洁自律、爱国尽责的干部队伍，是我党我军始终保持先进性的重要保障。反腐，就是要打掉腐蚀社会主义根基、损害广大人民利益的“毒老虎”。唯有如此，才能内外一心，共同推进社会主义现代化建设事业。

## 但愿苍生俱饱暖，不辞辛苦出山林。

——明·于谦《咏煤炭》

【大意】

为了让天下人都能又饱又暖和，不辞劳苦，走出荒僻的山林。

【解读】

于谦这首咏物诗，先描写煤炭的品格和伟力，后借煤炭的功用抒发情怀：要像煤炭一样，以为国为民的“死后心”，奉献自己的一份“生成力”。后来，于谦果然如所咏之物一般，为国家燃尽了自己：“土木堡之变”发生后，明英宗被俘，于谦力排众议，率兵抗击蒙军进犯。后英宗被释复位，于谦被诬谋逆，英宗暗昧不明，将于谦杀害。



历史总是惊人地相似，于谦与岳飞一样，都是道德臻于完美、才华可补天裂的英杰，结局都令后世唏嘘悲愤不已；但是，他们毕生许国、殒身不恤的高尚情怀，不知激励了多少代人在战乱年代奋臂当先，抵御外侮，或在和平时期尽忠职守，惠及万民。这句诗常被有为之士引用，表露自己甘于为国为民奉献一切的心迹。

## 风声、雨声、读书声，声声入耳；家事、国事、天下事，事事关心。

——明·顾宪成《题东林书院》

【大意】

风声、雨声、读书声，声声传入耳；家事、国事、天下事，关心每件事。

【解读】

明朝万历年间，皇帝不理朝政，政治腐败。顾宪成因直言敢谏而受到皇帝的厌恶，最终被罢官。顾宪成回到家乡无锡，在东林书院从事讲学活动，又与志同道合者发起东林大会，议论政事。顾宪成认为，君子无论是在朝廷为官，或是在地方做官，还是隐居山林，都要心系国家和百姓。他题写了这幅对联挂在东林书院讲堂中，希望读书人既要认真读书，又要关心国家大事。

此联与“两耳不闻窗外事，一心只读圣贤书”的思想恰恰相反，它展现了“读书不忘救国”的远大抱负。如今，我们更要以坚定的信念，在学习科学文化知识，加深对中外历史和国情认识的基础上，为国家的建设和发展贡献自己的力量。这句话常用于激励人们为了国家富强和民族复兴而努力读书并奋斗终身。



## 身可益民宁论屈，志存经国未全灰。

——明·王阳明《游瑞华（其二）》

【大意】

多行利民的善政，哪怕自身受屈；怀有治国的抱负，怎肯灰心丧志。

【解读】

这句话展现了王阳明为官敢于担当，不怕挫折，心系国家和百姓的情怀，这也是他的人格魅力所在。王阳明是明代著名思想家、教育家，他在学术上开宗立派，创立了以“致良知”为主旨的心学，影响后世。不仅如此，他也以非凡的从政能力享誉士林，曾先后在南北两京的刑部、兵部、都察院等重要部门任职。为官期间，王阳明以国事为重、恪尽职守、体恤百姓，终成一代名臣。

有无担当精神，是衡量干部素质高低的一个重要标尺。敢于担当就要不怕受委屈，不怕遭遇困难，一切要以国家和人民的利益为重。为官从政既要“怕出事”，更要“不怕事”。这句话常用于激励人们树立为国为民尽职尽责的远大抱负。

## 丈夫所志在靖国，期使四海皆衽席。

——明·海瑞《樵溪行送郑一鹏给内》

衽（rèn）席：卧席，借指太平安居的生活。

【大意】

大丈夫志在把整个国家治理好，希望天下人都能够过上安居乐业的生活。

【解读】

在写给同僚郑一鹏的送别诗中，海瑞说了这句话，认为从政者要有远大的抱负和志向，要以天下太平和百姓安康为己任。其实，这也是海瑞一生的真实写照。海瑞为官清正廉洁，不求私财，敢于指出国家弊政，抗击权豪，为民请命，深受百姓的敬重和爱戴。海瑞的高尚品德与其强烈的爱国热忱和志在天下的远大抱负是分不开的。

热爱祖国、热爱人民，是中华民族精神的核心理念，也是中华传统美德的情感源泉。千百年来，中华民族能够经历风雨而巍然不倒，重要原因就在于中国人情系祖国和胸怀苍生的高尚情操，以及由此产生的奋发自强精神。这句话常用于激励人们要有爱国之心和为民之志。

## 但使雕戈销杀气，未妨白发老边才。

——明·戚继光《登盘山绝顶》

【大意】

如果能够制止战争，即使头白之时仍在戍守边疆也情愿。

【解读】

本诗是作者在蓟州训练边兵的年代游览盘山时所作。此前，戚继光已在东南沿海领导抗倭战争数十年，基本解除倭患，功名利禄和庙堂安稳之位唾手可得，他却矢志报国，自请戍边。在诗中，他以名将李广、李靖自勉，表明了自己愿意为巩固国防、保卫边境而一辈子留在边疆，为国家开创盛世的爱国壮志。

疆土是国家存在的基础，关系到国家的存亡；维护领土完整，是爱国的最直接表现。戚继光像守护生命一样守护着国家的领土，“但愿海波平”，不辞戎马一生。今天祖国统一大业还未完成，国际局势仍然复杂多变，倡导爱国主义，反对分裂，对维护国家安定团结局面具有重要意义。这句诗常用于抒发保疆戍土的坚定信念。



## 君子之为学也，将以成身而备天下国家之用也。

——明·宋纁《药言剩稿》

【大意】

君子努力学习的目的，是为了成才，以备国家使用。

【解读】

明嘉靖、万历两朝，皇帝疏于政事，追求修道，好青词，导致学风越加空疏不实，误国误民。政治家宋纁面对这种社会现实，明确提出反对穷究义理，提倡经世致用之学，要求读书人以天下为己任，用所学解决社会问题，以达到治国安民的实效。为政时，他以身作则，也处处为百姓办实事。

这种为国成才、经世致用的思想流露出“为天地立心，为生民立命，为往圣继绝学，为万世开太平”的强烈使命感。周恩来总理也有一句名言：“为中华之崛起而读书。”古今爱国之士，以天下为己任，以经邦济世为旨归。只要人人都有为国成才、报效国家的心愿，我们的事业何愁不能兴旺发达？本句强调读书人应自觉肩负社会使命的道理。



**君子或出或处，可以不见用，用必措天下于治安。**

——清·戴震《与某书》

【大意】

君子有时出仕，有时隐退，可以不被任命官职，一旦被任命官职就一定要致力于天下安定。

【解读】

古代视科举为正途出身。清代学者、思想家戴震精通经学、天文、地理、历史、数学，在学界久负盛名，却屡试不第。他29岁考上秀才，40岁才中举人，其后六次京城会试失败，仕途坎坷，对他打击很大。然而正如他所说，不管出仕入仕，都胸怀为国报效的壮志。因此当51岁被召为《四库全书》纂修官后，他鞠躬尽瘁，全力以赴，55岁就因太过操劳而早逝。

当一个人真正追求崇高的事业，那么利益得失也就无关紧要。戴震为祖国文化贡献终身，上世纪五十年代，钱学森、邓稼先等大批精英，也是冲破重重阻力，放弃优厚待遇，毅然回国。这种不计得失、淡泊名利的崇高爱国主义精神，值得我们大力弘扬和倡导。本句常用来表达不计名利、奋发有为的爱国志气。

## 苟利国家生死以，岂因祸福避趋之？

——清·林则徐《赴戍登程口占示家人》

苟：如果。　趋：迎受。

【大意】

只要对国家有利，即使牺牲生命也心甘情愿，怎么能因为自己可能受到祸害而躲开呢？

【解读】

这首诗作于1842年八月。当时林则徐被充军去伊犁途经西安，口头吟诵了这首诗留别家人。林则徐的爱国是无条件的，别说是个人得失、荣辱、祸福，只要国家需要，随时可以牺牲自己的生命，这才是彻底的爱国主义精神。正是因为有这样的信念，尽管林则徐对于西方的文化、科技和贸易持开放态度，但是他严禁鸦片，力抗西方列强的侵略，终成一代民族英雄。

这句诗之所以成为广为传诵的名句，就在于它展示了一个伟大爱国者的宽广胸怀。爱国一词是人们经常挂在嘴边的，当小我的利益跟国家利益产生冲突时，个人所持的态度才是检测的试金石。这句诗慷慨激昂，常用于表达爱国的坚定信念。

敬业，是公民最基本的职业操守，是社会主义职业道德的基本要求。敬业作为一种价值取向，体现的是个体对其工作、职责的态度。尊重劳动、热爱劳动是敬业精神的集中体现。具体包括：对职业价值和意义的高度认可，干一行爱一行的职业情感，忠于职守的工作态度，勤业、精业的业务素养。

中华民族历来有崇尚敬业的传统。早在《礼记·学记》中就提到“三年视敬业乐群”，这里的“敬业”指专心致志于学业。孔子“敬事而信”、“执事敬”，认为“敬事”是为人处世最基本的道德规范。三国时期诸葛亮在《后出师表》中说“鞠躬尽瘁，死而后已”，这也是一种敬业。创于清康熙八年的同仁堂药店，坚守“炮制虽繁，必不敢省人工；品味虽贵，必不敢减物力”，是敬业的典范。

当今，实现中华民族的伟大复兴，是中国人最伟大的梦想，这个梦想的实质就是国家富强、民族振兴、人民幸福。从梦想到现实的转变必然是一个艰苦卓绝的过程，需要努力奋斗，勤奋敬业，拼搏奉献。于是，敬业在这个时代更具特殊的意义，敬业价值观成为实现“中国梦”的动力之源。

明·沈颢《闭户著书图》

## 为山九仞，功亏一篑。

——《尚书·旅獒》

九仞：仞，古代计量单位；九仞，形容高大。　　篑（kuì）：古代盛土的筐子。

【大意】

要堆建高山，如果最后一筐土石不倒在山顶上，那么山就无法达到高度，使造山最终失败。

【解读】

周武王灭商，建立了西周。为巩固统治，武王分封诸侯，许多远方的国家和部族都向周朝称臣纳贡。一天，来自西方的旅国献上一只大狗，这只狗身高体大且通人性，武王看了十分高兴，欣然将狗收下。这件事被大臣召公奭看在眼里。退朝后，他写了一篇《旅獒》呈给武王，劝武王艰苦奋斗、专心治国，以免来之不易的事业功亏一篑。武王读后，想到商朝灭亡的教训，采纳了召公的劝谏，把收到的贡品分赐给诸侯和功臣，自己则兢兢业业地致力于国家的治理和建设。

这句话告诉我们，做事要有始有终、坚持到底，否则，虽然只差一点，也会前功尽弃。这与我们今天所倡导的敬业精神相一致。从事各项工作都要善始善终，前期做得再好，也可能会由于后期的不坚持而功败垂成。

## 功崇惟志，业广惟勤。

——《尚书·周官》

【大意】

取得伟大的功业，是由于有伟大的志向；完成伟大的功业，在于辛勤不懈地工作。

【解读】

西周初期，原商朝旧贵族武庚联合西周诸侯管叔、蔡叔，以及位于江淮地区的淮夷部落，发动了一场声势浩大的反周叛乱。周成王在周公的辅佐下，最终将叛乱平定。回到王都丰邑，成王与群臣一起总结周王朝成就王业的经验，并向群臣说明王朝设官用人的法则。同时，他敦促各级官员要忠于职守、勤于政务："你们要认真对待你们的职责，不能怠惰。要知道，建立伟大的功业，要靠坚定的志向和勤奋的工作啊！"

事业的成就与坚定的志向和勤奋的工作密不可分。如今，我国仍处于社会主义初级阶段，不管是成就个人的事业，还是实现中国梦，创造全体人民更加美好的生活，都任重而道远，需要我们每个人树立起坚定的志向，并为之付出辛勤的劳动和艰苦的努力。



**天行健，君子以自强不息。**

——《周易·乾卦》

【大意】

天道的运行是刚健有力的，君子也应该仿效天道，不断追求自我进步。

【解读】

按照古代学者的解释，"乾"就是"健"，有"奋进，永不停止"的含义。《周易》以"乾"命名象征"天"的卦象，其意除了强调天道

的刚健之外，更重要的还是要求人们向天道学习，奋斗不止，进德修业，无论以什么为立身之本，都要力求越来越出色。简而言之，包含着一种敬业精神。

“自强不息”现在已是常用成语，但真正践行本句的精神，又何其难哉！一个人短时间内发愤图强是很常见的，一辈子努力向前、永不停息，就很少见了；若能真正做到“自强不息”，往往就能取得别人难以企及的成就。我国能够在短短60多年时间内取得如此大的世界影响力，与全国人民敬业勤勉、不甘落后的精神是分不开的。这句话常用于勉励人们要努力奋斗。

**治大国如烹小鲜。**

——《老子》第六十章



鲜：鲜美的食物。一说为小鱼。

【大意】

治理大国就像烹调美味的小菜一样，要精心料理，掌握好火候。

【解读】

夏朝末年，商部落的首领汤向政治家伊尹询问做菜的事情，伊尹借机向汤提出自己的治国主张，他说：“做菜既不能太咸，也不能太淡，要调好作料才行；治国如同做菜，既不能操之过急，也不能松弛懈怠，只有恰到好处，才能把事情办好。”商汤听了，很受启发，便重用伊尹为相。在商汤和伊尹的经营下，商部落力量不断壮大，最终击败了腐化的夏朝，建立了商朝。

这句话还有一种理解，就是说治理大国就像烹调小鱼一样，不要总是搅动，不然，鱼就容易烂掉。无论是何种解释，都道出了要谨慎治国的道理，对于从政者而言，慎重考虑治国方针，不随意施为，就是一种勤恳敬业的工作态度。

## 天下之难事，必作于易；天下之大事，必作于细。

——《老子》第六十三章

【大意】

天下的难事，一定要从简易的地方做起；天下的大事，一定要从微细的部分着手。

【解读】



古时，黄河岸边有一片村庄，为防止水患，村民们筑起了长堤。一天，有个老农发现河堤上的蚂蚁窝一下子猛增了许多。因担心长堤的安全，老农要回村去报告。老农的儿子却不以为然，说："这么坚固的长堤，还害怕几只小小蚂蚁吗？"于是拉老农一起下田干活去了。当天晚上风雨交加，黄河猛涨，咆哮的河水从蚂蚁窝渗透出来，继而喷射，最终淹没了沿岸的大片村庄和田野。可见，不重视小问题，终将出现大问题。

这句话提醒人们：做事要从细节入手，由小事做起。即使面对艰巨繁重的任务，也要以强烈的事业心和高度的使命感，兢兢业业做好细节工作。事无大小都要一丝不苟、严谨细致、精益求精，于细微处见精神，在细节间显水平。

## 夙夜在公。

——《诗经·召南·采蘩》

夙：早。

【大意】

从早到晚，忙于工作。

【解读】

《采蘩》是一首反映人们为祭祀而劳作的诗。蘩是一种可供食用的蒿草，古代曾用作祭品。本诗主要叙写为了采办祭祀所需的用来燎烧的蒿草，主人公大费周章地去寻找和采办的经过，以及完成祭祀过程的辛劳敬业。

“夙夜在公”，宣扬的是恭敬严肃、认真负责、任劳任怨、踏实奉献的敬业态度，体现的是勤奋、刻苦和谨慎的工作作风，彰显的是珍惜生命、珍视未来的人生理念。中华民族历来就有敬业乐群、恪尽职守的传统美德，只要夙夜在公谋发展，勤奋务实促工作，就一定会在各方面取得成绩。



## 靡不有初，鲜克有终。

——《诗经·大雅·荡》

【大意】

万事都有开头，但很少能够有个结局。

【解读】

诗人假托古代明君周文王之口，慨叹殷纣王无道，说他做事有始无终，初期也有励精图治的决心，但后来变得贪图享乐、任用奸臣、沉迷酒色，成了个不折不扣的昏君。诗人希望君王能以史为鉴，行善政而能一以贯之。

曾为理想奋斗过，后来随着敬业精神的泯灭，变得庸庸碌碌的人，无论古代还是现代都不少见。大多数人在刚刚走上新的工作岗位时，都是有一番雄心壮志的。但是，能够始终爱岗敬业、不懈奋斗的，少之又少。许多人或因为取得了让自己满足的成就，或因为某些因素损害了斗志，或因为压力不大缺乏动力，在工作一段时间之后，就失去了进取心，甚至误入以公谋私的歧途，这是我们应该时时警惕的。这句话常用来提醒人们做事应该善始善终。

## 知之者不如好之者，好之者不如乐之者。

——《论语·雍也》



【大意】

知道这件事怎么做，不如喜欢做这件事取得的成效高；喜欢做这件事，不如把做这件事当成乐趣取得的成效高。

【解读】

孔子说这句话的背景现在已不可知，后人推测他大概是在谈论学习知识或技艺应有的态度。在孔子看来，单纯了解一些知识，不如喜欢这一门学问，喜欢这门学问又不如真正把研究学问当成乐趣。用现在的话说，孔子其实是要求学生“干一行，爱一行”，学习和从事什么，就把兴趣转移到该方面来，以促进学业和事业的良好发展。

真正使个人爱好与日常工作紧密结合起来，说着容易，真正能做到的不是很多。我国现代著名史学家唐长孺晚年身患癌症，仍

著书不辍，写作之余曾自撰一联：“著书敢期延岁月，湖山倘许小盘桓。”表达了对学术的执着追求。唐先生就是孔子所说的“乐之者”，敬业精神实在令人心折。这句话常用于点明态度对于学习与工作成果的重要影响。

## 发愤忘食，乐以忘忧，不知老之将至。

——《论语·述而》

【大意】

发愤学习，连吃饭都忘了；在学习中获得快乐，以至于忘了忧愁；集中精力在学习上，都忘了自己将要步入老年。

【解读】

本句有一个相关故事：楚国大臣叶公问子路：“孔子是个什么样的人呢？”子路没有回答。孔子知道后，对子路说：“你为什么不这样回答他呢？‘他学习起来，连吃饭都会忘记；在学习中获得乐趣，甚至忘却了忧虑；集中精力在学习上，忘了自己在变老。’”孔子全身心投入在学习中，体现出他好学的人生态度，同时，作为一位学者、教育家，也能够体现出敬业的工作态度。

将全部精力投入在自己的工作和事业中，以至于废寝忘食，甚至忘了自身的存在，这是很多伟大人物的共性。“痴心”带来的，不一定是“妄想”，而可能是巨大的成就。这句话现在通常用于称赞专注于学习的人，也常被年纪较大的人用来表明自己愿意主动学习新知识的决心。

## 不在其位，不谋其政。

——《论语·泰伯》

【大意】

不在这个职位上，就不过问这个职位负责的事务。

【解读】

“不在其位，不谋其政”，是孔子的一句名言。他认为，如果不担任某个职位，就不应该对其管理范围指手画脚。孔子之所以要求“无关人士”摆正自己的位置，主要是因为担心意见纷繁，导致实际负责人无所适从。至于职务范围内的问题，孔子一向主张在其位则谋其政，这是一种真正的敬业精神。

在其位而谋其政，就是要求岗位负责人集中精力于本职工作，不因私心杂念干扰自己的判断，也不因种种理由而懈怠，在职一日，就努力工作一日。孔子一生历任多职，都很好地履行了自己的职责，堪称以实际行动实践自己主张的敬业典范，值得我们学习。这句话常用于表达不干涉权责以外事务的想法。



## 居之无倦，行之以忠。

——《论语·颜渊》

【大意】

在担任官职时，对工作不要有厌倦情绪，推行政务要以忠诚为本。

【解读】

本句讲的是“从政要勤勉尽忠”的道理，因为言简意赅，自古

以来就被当作从政者的座右铭。这句话有两个要点，一是要求对工作不懈怠不厌倦，二是要求处理问题、颁布政令时没有私心、尽职尽责，这显然体现了孔子在“敬业”方面的高标准严要求。

虽然是两千多年前的“名人名言”，但孔子的这句话确实很值得我们思考：工作久了，业务熟了，我们是否也会有懈怠情绪，会有私心作怪、不够尽责的时候呢？我们是否应该提升自己的职业道德修养，使自己更加敬业呢？换一种工作态度，抛开厌倦心理，阻止私心作祟，也许我们的事业会达到一个新的高度。这句话常用来表达勤恳工作的意愿。

## 公家之利，知无不为，忠也。

——《左传·僖公九年》



【大意】

对公家有好处的事情，知道了就不会不做，这就叫忠诚。

【解读】

春秋时期，晋献公临终前命荀息辅佐儿子奚齐，问他：“你打算怎么做？”荀息说：“我会竭尽全力，以忠贞的态度行事。”晋献公又问忠贞的含义，荀息说：“对公家有好处的事情，知道了就去做，这叫作忠；送走死者，侍奉生者，让两者对我无所猜疑，这叫作贞。”荀息所说的“忠”，在古人的眼中叫“忠于所事”，我们今天则称之为“爱岗敬业”。

对于从政者来说，要做对国家有利的事情，可能会触犯既得利益集团，也可能会得罪老朋友，历史上很多改革者甚至因此遭到报复。但是，真正的勇者不会被吓倒，他们有“苟利国家生死以”的觉悟，把“敬业”上升到“爱国”的层面，实现了人格的升华，无论成败，都将永留史册。这句话常用于表达为国为民尽心竭力的工作态度。

**虽有天下易生之物也，一日暴之，十日寒之，未有能生者也。**

——《孟子·告子上》

暴（pù）：通“曝”，晒。　　寒：冻。

【大意】

即使天下有最容易生长的植物，把它放在阳光下晒一天，再放在阴寒的地方冻十天，它也不可能存活。



【解读】

成语“一曝十寒”即出于此。战国末期，思想家孟子到齐国游说，对齐王说了这个道理后，又讲了一个故事：弈秋是全国闻名的下棋能手，让弈秋同时教两个人下棋，其中一个专心致志，只听弈秋的话；另一个虽然也在听，但心里却总是觉得有天鹅要飞来，一心想着如何张弓搭箭去射它。两个人虽然一起学习，后者却比不上前者，原因就在于他们专心程度不一样。孟子的这段言论，目的在于劝谏齐王处理事务要有恒心。

无论是下棋、治国还是做其他工作，都需要持之以恒的专注精神和勤奋、刻苦、精益求精的职业素养。这不仅关乎一个人能否完成工作、履行职责，更体现了他的责任心和担当意识。这句话常用来强调坚持不懈、持之以恒对于事业成功的重要作用。

**天将降大任于斯人也，必先苦其心志，劳其筋骨，饿其体肤，空乏其身，行拂乱其所为。**

——《孟子·告子下》

【大意】

上天将要把重大使命降落到某人身上，一定要先使他的意志受到磨练，使他的筋骨受到劳累，使他的身体忍饥挨饿，使他备受穷困之苦，使他做事不能顺利。

【解读】

舜从田间劳动中成长起来，傅说从筑墙的工作中被选拔出来，胶鬲被选拔于鱼盐的买卖之中，管仲被提拔于囚犯的位置上，孙叔敖从海边被发现，百里奚从市场上被选拔……许多能人贤士，在受到重用之前都经历过磨难和挫折——战国时期思想家孟子根据历史事实，得出了这个结论。后人常引以为座右铭，激励着无数志士仁人在逆境中奋起，在工作中不怕劳苦、甘于奉献。

在岗位上不怕困难、勇于接受挑战，是敬业精神的一种表现。我们从事任何职业、做任何事情都不会轻易取得成功，只有坚定自己的信念，知难而进，保持昂扬的斗志和坚韧的作风，才能向着自己的目标和理想迈进。这句话常用于勉励自己在工作中要不怕劳苦，知难而进。

**路曼曼其修远兮，吾将上下而求索。**

——战国·屈原《离骚》

【大意】

追求真理的道路是曲折而漫长的，我会百折不挠、不遗余力地追求和探索。

【解读】

为了振兴楚国大业，屈原对内辅佐楚怀王变法图强，对外主张联齐抗秦。由于他的改革触动了国内贵族的利益，很快就被废除，他也遭到怀王的疏远。此后，他深陷免职和流放苦难，“忧愁幽思”，而写成不朽长诗《离骚》，尽管充满悲愤，但他以此句表明心迹：心系家国、追求善政、追求真理的崇高信念，百折不回。

屈原的诗句，反映了他愿为自己的政治理想全身心投入的执着。这种精神，摆脱了单纯追求个人利益的狭隘境界。实现中华民族伟大复兴，是中国人共同的梦想，这个梦想的实现过程，如诗句所言，必然曲折艰苦，需要“上下求索”。因此，我们更要弘扬敬业精神，在实现中国梦道路上不懈追求和探索。这句话常用来强调工作的专注钻研精神。



**骐骥一跃，不能十步；驽马十驾，功在不舍。锲而舍之，朽木不折；锲而不舍，金石可镂。**

——《荀子·劝学》

【大意】

良马一个跳跃也不会超过十步远，劣马拉车走十天也能走很远的路，它的成功在于坚持而不放弃。雕刻如果半途而废，即使是一块朽木，也无法使它折断；但只要你坚持刻下去，哪怕是金属、石头这样坚硬的东西，也能雕出花饰。

【解读】

《劝学》是《荀子》的首篇，较为系统地论述了学习的理论和方法，阐述了学习的重要性，介绍了学习的步骤、内容、途径等相关问题。贯穿全文的中心思想是“学不可以已”，即强调学习要有持之以恒、坚持不懈的精神和态度。这句话则是从事例的角度对这一态度进行了诠释，成语“锲而不舍”即来源于此。

持之以恒、坚持不懈不仅适用于学习，也是敬业的体现。中华民族各项事业的发展，中国几千年灿烂文明的创造，都是依靠一代代中国人对这种精神的传承。改革开放以来，中国人又以锲而不舍的意志缔造了经济发展的奇迹。历史经验反复证明，国民敬业则国家强盛、社会进步，国民懈怠则社会衰退。这段话常用来告诫人们做事情要有决心并能持之以恒，有志者事竟成。



**凡百事之成也，必在敬之；其败也，必在慢之。**

——《荀子·议兵》

【大意】

大凡一切事情的成功，一定在于认真敬业；如果事情失败，一定是因为怠慢疏忽。

【解读】

荀子认为，治军用兵跟世间大多数事物的运行一样，认真严谨地对待，就容易获得成功；而治军不严、操练怠慢，必然导致败亡。这句话推而广之，也适用于人们的日常学习与工作生活。对学习和工作抱有认真、尊重的态度，就是敬业的态度。

我们常说态度决定成败，天才出于勤奋。著名生物学家童第周上学时曾被留级，可是他从不悲观失望，常在路灯下夜读，终于成为中国的“克隆之父”；数学家陈景润为了解析“哥德巴赫猜想”，反复演算，稿纸塞满了一麻袋又一麻袋，取得了世界领先的成果……人若能保持旺盛的事业心，从每一件小事入手，专心致志，刻苦钻研，事业自然会给予我们丰厚的回报。这句话说明对工作的不同态度将带来不同的结果，用于提醒人们要勤学敬业。

## 工人数变业则失其功。

——《韩非子·解老》

【大意】

工匠屡屡变换职业，（因荒废技艺而降低效率，）导致徒劳无功。



【解读】

战国末期法家代表人物韩非子从多个侧面详细论述了如何对国家、百姓、官吏、劳动者进行管理，从而使整个社会处于有序的状态。虽然他的管理体系是为君主专制而设计，但其中有些思想，对当今不无借鉴意义。“工人数变业则失其功”就是其中一例。韩非子认为，屡次更换职业，不仅有损自己的专业技能，而且会给工作乃至国家带来损失，这一观点是追求工作稳定性原则的体现。

每个人都应该尊重和认同自己的职业，珍惜自己的工作岗位，同时还要对自己的职业前景做好规划。如果只是一山望着一山高，盲目频繁地变换工作，那么自己曾经学到的很多知识和技能都可能白白浪费。这既是对自己、对工作的不负责，也是人生的一种虚度。这句话常用来强调劳动者要具有干一行爱一行的敬业精神。

**敬业乐群。**

——《礼记·学记》

【大意】

专心于学习，与同学融洽相处。

【解读】

这是“敬业”一词的最早出处。《学记》是我国最早的一篇专门论述教育和教学问题的作品，它比较系统和全面地总结了先秦时期的教育经验，主张课内与课外相结合，课本学习和实际训练相结合，既要扩大知识领域，又要培养高尚的道德情操和良好的生活习惯。其中有“三年视敬业乐群”一句，意思是入学第三年要考察学生是否专心于学业，能否和同学和睦相处。后来，敬业不再专指学业，而演变成对工作、事业极端认真负责的态度，“乐群”则是在敬业的基础上学会与他人合作。

敬业是人们基于对一件事情、一种职业的热爱而产生的一种全身心投入的精神，是社会对人们工作态度的一种道德要求。在工作岗位上认真踏实、精益求精，并处理好与同事之间的关系，是一个人事业成功的关键。这句话常用来激励人们要爱岗敬业，团结协作，共同走向事业的成功。



**君子素其位而行，不愿乎其外。**

——《礼记·中庸》

素其位：安于现在所处的地位。素，平素、现在的意思，这里作动词用。

【大意】

君子安于现在所处的地位，并努力做好相应的工作，不妄求本职以外的事。

【解读】

成语“素位而行”即来源于此句，其意思与《大学》中所说的“知其所止”相近，就是要人们安守本分，也就是现在常说的安分守己。儒家观点认为，任何成功的追求、进取都是在对现状恰如其分的适应和处置后取得的，而对现状积极适应和处置的方法就是安分守己，是什么角色，就做好什么事，而不去眼馋本职以外的名利。如此才能游刃有余，进一步积累、创造自己的价值，取得水到渠成的成功。

的确，安分守己，在自己的本职岗位上踏踏实实、恪尽职守、不图虚名，做好自己应该做的事情，才能在岗位上做出贡献，也能为自己谋得更好的发展，实现人生的价值。敬业精神的内涵就体现于此。这句话常用于勉励人们要踏实做好自己的本职工作。



**行百里者，半于九十。**

——《战国策·秦策五》

【大意】

一百里的路，走了九十里才算是走了一半。

【解读】

战国末期，秦国实力逐渐强大，在与魏国、韩国的战争中捷报频传。此时的秦王，志得意满，不免骄傲自大起来。于是有人上前劝谏：“古语云：‘一百里的路，走了九十里才算走到一半。’说的是越走到最后，越艰难。”言下之意是让秦王不要放松懈怠，而是继续保持兢兢业业、持之以恒的从政态度，最终取得成功。

如今，人们常用这句话比喻做事愈接近成功愈要认真对待，做到坚持不懈、善始善终。这也是敬业精神的一种表现。对待工作，不仅需要热情，更需要决心和毅力，尽职尽责、坚持不懈往往是事业取得成功的关键。这句话常用来警醒人们对待工作要有恒心和毅力。

## 天知，神知，我知，子知，何谓无知者！

——《后汉书·杨震列传》



【大意】

天知道，神知道，我知道，你知道。怎么能说没有人知道！

【解读】

东汉时期著名的廉吏杨震调任东莱太守，在赴任的路上途径昌邑县。昌邑县县令王密曾被杨震所举荐，为表达知遇之恩，王密深夜探访杨震，并拿出了怀揣的十斤黄金相赠。杨震说：“我了解你，你却不了解我，这是为什么呢？”王密回答：“夜里没有人会知道。”杨震于是说：“上天知道，神明知道，我知道，你知道。怎么说没有人知道呢！”王密听后，拿着金子羞愧地出去了。从此，“杨震四知”便成为千古佳话，体现出官员坚持操守、拒绝受贿的职业素养。

一个人的敬业精神，不仅体现在对工作认真负责和忠于职守，更体现在要有强烈的社会责任感，保持廉洁的工作作风，杜绝权力的滥用和失职渎职。杨震的事例对此是一个很好的诠释——做事的同时也要学会做人。这句话用于强调廉洁自律是敬业精神的一种体现。

**鞠躬尽瘁，死而后已。**

——三国蜀·诸葛亮《后出师表》

鞠躬：弯着身子，后引申为恭敬谨慎的样子。 尽瘁：竭尽心力。瘁，劳累。

【大意】

恭敬谨慎、竭尽全力地贡献一切，直到自己死去。

【解读】

三国时期，蜀汉皇帝刘备死后，丞相诸葛亮掌握军政大权，他一心想北伐魏国以完成统一大业。第一次北伐时，他曾上表后主刘禅，力劝其听信忠言，任用贤臣，这就是《前出师表》。可是这次北伐，没有成功。不久，诸葛亮又准备发动第二次北伐，当时蜀汉官员中有人反对兴师伐魏，诸葛亮因此又上书后主，这就是《后出师表》，在分析当时形势，表示北伐决心的同时，他在文章结尾写下这句话，显示了勇于奉献的精神。

敬业作为中华民族的传统美德，表现之一就是每个人都应该对自己投身的事业具有奉献精神，将个人的荣辱与事业的成败联系起来。此外，还要对自己的工作有强烈的责任感，明确职责，忠实履行。这句话常用来强调在工作中要全身心投入，奉献自己的全部才华。

## 廉约小心，克己奉公。

——《后汉书·祭遵列传》

【大意】

廉洁俭朴，小心谨慎，对自己严格要求，一心以公事为重。

【解读】

祭遵是协助刘秀建立东汉王朝的功臣。刘秀称帝后，祭遵任征虏将军。他地位虽高，仍保持廉洁俭朴、小心谨慎、克己奉公的处事风格。每得赏赐，他都分给部下，从不私置产业，家人生活也是简朴至极。临死时，他让家人将自己薄葬于洛阳。后来，范晔在为他作传时，用这八个字对其工作作风进行了概括。

现在，“克己奉公”已是人们熟知的成语，常用于勉励公务人员廉政尽责。每个人不论职务高低，权力大小，都应在自己的工作岗位上恪守清正廉洁、大公无私的职业道德，做好本职工作，尽己所能去服务社会。这不仅是一种工作态度，更是一种生命态度。



## 业精于勤，荒于嬉。

——唐·韩愈《进学解》

【大意】

学业由于勤奋而精进，由于游荡玩乐而荒废。

【解读】

韩愈在元和年间任国子博士时，写下本文。全文假托学生之口提出问题，韩愈作为老师进行一一解释。文中既讲述了韩愈在道德学问上的努力与成就，及自己的坎坷遭遇和坚持操守的决心；同时也勉励学生要在学业、德行方面努力取得进步。特别是文中“业精于勤，荒于嬉；行成于思，毁于随”等名句，凝聚着韩愈治学、修德的体悟和经验，为后世传诵。

三百六十行，行行出状元，但“状元”的取得没有捷径，不能靠投机取巧，更不能以守株待兔的方式不劳而获。要想会做事，做成事，就必须勤学苦练、持之以恒、踏踏实实、兢兢业业，不努力就会后退，不努力就会跟不上发展。大凡真知识、硬本领、强能力，从没有轻轻松松就可得来的。这句话常用来强调勤奋对工作的重要作用。

## 千淘万漉虽辛苦，吹尽狂沙始到金。

——唐·刘禹锡《浪淘沙》



【大意】

淘金要经过千万遍的过滤，虽然辛苦，然而淘尽了泥沙，才会露出真正的黄金。

【解读】

刘禹锡一生仕途曲折，屡遭贬谪和打击，经历了许多坎坷。然而他始终怀抱着坚定的政治理想，胸怀宽广，乐观向上，他以诗明志，表达自己虽然经历了千辛万苦，屡陷于流言蜚语，但是就像大浪淘沙一样，泥沙淘去后，自己这枚金子一定能发光发亮。

通往理想的道路，就像大浪淘沙，是一项艰苦的工程。经历的每一次磨难，都像抹去金子表面的沙粒。一时的低落和困窘都不重要，重要的是始终坚定前行，才会“守得云开见月明”——小到个人职业理想的实现，大到社会主义现代化建设的成功，都没有捷径

可走。这句话常用来激励无论事业难易都要坚持。

## 春蚕到死丝方尽，蜡炬成灰泪始干。

——唐·李商隐《无题》

【大意】

春蚕到死才停止吐丝，蜡烛烧尽时才停止流泪。

【解读】

本句运用生动的比喻，用谐音的“丝”和“思”，表现诗人的思念就像春蚕吐丝，到死方休；就像蜡烛的烛泪直到蜡成灰烬才能流尽。诗句缠绵悱恻，成为表达坚贞不渝的爱情的千古名句。

今天，这句诗除了用来表达至死不渝的爱情之外，还被人们用来赞扬对工作和事业忠诚执着、无私奉献的人，尤其是爱护学生、传道授业的教育工作者。像工人王进喜用身体搅拌泥浆压井喷，拼命拿下大庆油田；干部孔繁森为带领少数民族群众脱贫致富，扎根边疆；教授孟二冬罹患重症，坚持讲完最后一课，倒在讲台上，弥留之际，仍然挂念学生……各行各业涌现出的公而忘私、为群众利益无私奉献的模范，他们用强烈的责任感和使命感，谱写了尽职敬业的大爱篇章。



## 虽有忧勤之心而不知致理之要，则心愈劳而事愈乖。

——宋·欧阳修《准诏言事上书》

乖：不顺，不和谐。

【大意】

即使有忧国勤劳之心，却不知道使国家安定、政治清平的要领，那么心神越是疲劳，事情越是办不好。

【解读】

庆历二年（1042），北宋朝廷已经是内忧外患，危机四伏。欧阳修两次上书言事，痛陈朝廷三大弊病——发号施令不谨慎、赏罚不分明、办事徒有其名而没有落实。同时，他认为光知道积贫积弱的症结是不够的，必须掌握振兴国家的要领，即果断改革，否则只会导致穷途末路。他以此文劝谏宋仁宗，为庆历新政的最终实施做了充分的舆论准备。

不光治国之道如此，人不论做什么，都要尊重规律，熟知规则。作为学生，顺从学习规律，才能学好本领；作为企业，遵守市场规律，才能取得竞争的胜利。方向不对，则走得越快，偏离目标越远。拔苗助长、刻舟求剑这样违背规律、事倍功半的例子不胜枚举。因此保持对规则的敬重，掌握做事的规律，是敬业的重要表现，更是我们获得事业成功的不二法门。



**古之立大事者，不惟有超世之才，亦必有坚忍不拔之志。**

——宋·苏轼《晁错论》

【大意】

古代能建立伟大事业的人，不仅仅有超过世人的才华，也一定有坚忍不拔的意志。

【解读】

此句是“坚忍不拔”一词的来源。苏轼针对西汉初年政治改革家晁错建议削弱藩王势力，却遭谗言被杀的历史事件，提出自己的看法：晁错被杀的部分原因，就是因为他面对阻力，没有以坚强的意志挺身而出冲到最前线，反而想让皇帝亲征，自己留守。做大事，光有才华是不够的，必须要有坚强的意志和临危不乱的精神。

古往今来，通往成功的路上，不乏有才之人，然而最终成功者，无一不具备坚忍不拔的意志。西汉著名史学家司马迁，遭受残忍的腐刑后，忍辱负重完成《史记》。这正因为他把著史事业看得比名誉、生命都重要，才能克服困难，成就“史家之绝唱”。以史为鉴，不难看出：坚忍不拔既是立志，也是成志的重要途径，更是全心投入事业的重要体现。



## 纸上得来终觉浅，绝知此事要躬行。

——宋·陆游《冬夜读书示子聿》

【大意】

从书本上得来的知识毕竟觉得肤浅，要真正理解深刻的道理，还是要亲身实践。

【解读】

冬日寒冷的夜晚，窗外北风呼啸，诗人却浑然忘我，乐此不疲地苦读诗书。他满怀深情地写下诗，语重心长地告诫最小的儿子子聿：趁着年少，抓住美好时光奋力拼搏，不要片面满足于书本知识，而应亲身实践。

“读万卷书，行万里路”，古人早就认识到这个道理；只知道读死书而不知运用的人，被戏称为“两脚书橱”。在知识不断更新、新事物层出不穷的现代社会，无论多么刻苦勤学，如果认识和实践水平不相称，工作和学习也难以取得更大成绩。因此，每个人都应该树立终身学习观念，同步提升理论和业务水平。这句话常用来形容理论和实践结合的重要性。

## 保初节易，保晚节难。

——宋·朱熹《名臣言行录》

【大意】

一个人一时一事严于律己并不难，难的是能始终保持清正的作风。



【解读】

这句话是北宋名臣韩琦说的。韩琦历经仁宗、英宗和神宗三朝，曾有为相十载、辅佐三朝的辉煌时期，也有被贬在外前后长达十几年的地方任职生涯。无论显达还是失意，他始终没有以权谋私，也不曾疏于职守，而是殚精竭虑，尽忠报国，从始至终。

历史教训表明，一时敬业不难，难得的是整个职业生涯，都能够做到不贪图逸乐，尽职尽责，完成任务。社会主义现代化建设事业任重道远，一丝不苟地敬业工作的同时，更要始终保持廉洁奉公的作风，时刻提醒自己不忘初心。这句话常用于提醒后人修身行事都要坚持原则，持之以恒。

## 当官之法，唯有三事，曰清，曰慎，曰勤。

——宋·吕本中《官箴》

【大意】

为官的法则，只有三项：清廉、谨慎、勤勉。

【解读】

这是宋人吕本中所著《官箴》的开首之语。吕本中说，为官者明白了这三项法则，就可以永保俸禄爵位，可以永远没有耻辱，可以得到上司的赏识，还可以得到部下的爱戴。这三项法则总结来说就是对事业的道德坚持、对事业的敬畏态度和对事业的勤勉方式。

不论是为官还是普通民众 ，职业精神的好坏都决定着事业的发展。优化职业作风，就要正确处理“责、权、利”的关系，做到清、慎、勤，保持务实苦干的敬业精神，把对人民的奉献和付出看作是无上光荣；自觉抵制腐朽思想的侵蚀，才能“立党为公，执政为民”，促进社会主义事业的顺利进行。这句话常用于强调官员保持良好作风的重要性。

## 路逢饿殍须亲问，道遇流民必细询，满城都道好官人。

——元·张养浩《中吕·春喜来》

饿殍（piǎo）：快要饿死的人。

【大意】

路上碰到快要饿死的人一定会亲自过问，道上遇到流离失所的难民一定会仔细问询，全城百姓都说我是个好官。

【解读】

元朝人张养浩为官清正，因敢于犯颜直谏，为统治者所不容而辞官归隐。后来，关中大旱，饥民相食，亟待解救。朝廷为此特召张养浩前往陕西救灾。张养浩立即登车上路，临行前还把家中的钱财给予贫困之人。到了陕西，他积极赈灾，四个月没有回家，只在公署中住宿。这首小令所描述的就是他赈灾的情形和效果。对照正史，可称得上直书其事，并非自夸之词。后来，张养浩因劳累过度而病逝，关中人“哀之如失父母”。可见，张养浩的确是一个爱民如子、为百姓鞠躬尽瘁的好官。

身为从政者，应该有责任心和对工作的奉献精神，要以忠于国家、服务大众为理念，在本职工作上勤勤恳恳、甘于奉献，以实际行动取信于民，凝聚民心。这段话道出了敬业为民的细节表现，激励从政者将民生大事时刻挂在心头。



**念念敬，斯念念正；时时敬，斯时时正；事事敬，斯事事正。君子无在而不敬，故无在而不正。**

——清·康熙帝《庭训格言》

【大意】

每一个念头都心怀敬意，那么每一个念头就必然纯正；每一时刻都心怀敬意，那么每一时刻就必然纯正；做每一件事都心怀敬意，那么每一件事就必然纯正。君子时时刻刻都心怀敬意，所以君子时时刻刻都不会偏离纯正。

【解读】

康熙皇帝勤政爱民，在维护祖国统一、抗击沙俄入侵、捍卫主权方面做出了巨大贡献，是康乾盛世的奠定者。此外，康熙皇帝也十分重视对子女的教育。他死后，四子胤禛继位，是为雍正帝。雍正追述其父在日常生活中对诸皇子的训诫，包括读书、修身、为政、待人、敬老、尽孝、驭下以及日常生活中的细微琐事，而成《庭训格言》一书。这句话即出自其中，体现了康熙帝修德主敬、敬即是正的人生态度。

无论对人还是对事，我们首先要对其心怀敬意。敬是赢得他人好感，取得事业成功的前提。另外，敬不能时断时续，而是要一以贯之，做任何一项工作如果能够长久保持敬重的心态，并付出努力，就会取得理想的效果。这句话常用来说明要心存敬意地对待每件事情。



**炮制虽繁，必不敢省人工；品味虽贵，必不敢减物力。**

——同仁堂古训《同仁堂乐氏世代祖传丸散膏丹下料配方》

炮制：用烘、炮、炒、洗、泡、漂、蒸、煮等方法加工中草药。

【大意】

炮制药物，工序虽然多而繁杂，但是不能因此就减少人力的付出；药品的原料价钱很贵，但是不敢因为这个就减少分量。

【解读】

同仁堂是国内中药行业最负盛名的老字号，创建于清康熙八年（1669），至今已有300多年的历史。从创建以来，它就恪守诚实敬业、精益求精的严谨态度，制药过程选用上乘药材，从不偷工减料、以次充好，生产出许多疗效显著的中药，在国内外医药市场享有美誉。

像同仁堂这样的医药企业，“不省人工”“不减物力”不仅关系到企业的职业道德，更关系到千万患者的生命健康。它用恪守古训、兢兢业业的运营理念，诠释了高度的责任感和使命感，足以成为现今商业社会的典范。弘扬这种诚实敬业、忠于职守的精神，对目前黑心胶囊、化学制剂混杂的医药市场，有极强的规范和教育意义。这句话朴实地表达了严谨的职业操守和自律的敬业态度。

## 千磨万击还坚韧，任尔东西南北风。

——清·郑板桥《竹石》



【大意】

受了千万种磨难打击，它还是那样坚韧挺拔；不管是东风西风，还是南风北风，都不能把它吹倒。

【解读】

诗人表面上是写竹子在恶劣的生长环境下，不惧怕狂风的挺拔坚韧和坚定乐观，实际上是写自己正直倔强的品格，一种坚持人生的方向、不向任何恶势力低头的高傲风骨。

这首诗带给我们生命的感动，来源于执着不屈和迎难而上的精神。这种精神，体现在事业中，就是坚定方向后，毫不动摇，积极乐观，无畏无惧，顽强坚持。勾践卧薪尝胆终灭吴国，韩信受胯下之辱最终助刘邦成就汉室基业，司马迁忍受屈辱修成千古巨著《史记》，无不是坚定自己的人生事业方向，在艰苦奋斗中实现人生

价值。这句话常用于形容坚定不移的事业心和迎难而上的大无畏精神。

**勤则难朽，逸则易坏，凡物皆然。**

——《曾国藩家书》

【大意】

勤勉就不容易走向腐朽，事情的衰败，常因为贪图安逸而造成。所有的事物都是遵循这个规律运行的。

【解读】

晚清名臣曾国藩认为：不管是居家、居官还是治军，都应该要以“勤”字为根本。他天赋不高，据说连夜盗的贼人听过几遍都能背诵的文章，他反复诵读都无法背诵。然而他却凭借苦读成为近代历史上极为重要的人物。“勤”字为人生第一要义。一个人资质再好，也要勤奋不懈，一点一滴积累才智，才能成就事业；天资不高，就更需要“笨鸟先飞”。懒惰放纵，毁人不少。

古往今来，许多名人都靠着执着和勤奋成就事业和学业，如祖逖闻鸡起舞，孙敬悬梁刺股等等，而最生动的“反面教材”，莫过于历朝因为贪图享乐、安逸放纵的末代君主。这句话常用来勉励人们：用勤实现个人梦，用勤实现中国梦。

# 诚信

诚信是公民道德的基石。就内涵而言，诚信包括诚和信两方面："诚"一是真实，二是诚恳。真实是不有意歪曲客观事物的本来面貌；诚恳是不有意歪曲自己主观意图的本来面貌。真实与诚恳相结合，就构成了诚的基本内容。"信"是指个人或国家对自己的承诺负责，言而有复，诺而有行。诚更强调内在的德性，信更强调外在的言行。二者又有联系：内在的德性与修为会通过外在的言行加以确认，而外在的言行没有内在的涵养作为基础也难以持久。因此，常将诚信二字结合在一起，表示诚实无欺、恪守信用。

中国古代优秀传统文化中蕴涵着丰富的诚信基因。首先，诚信是古代思想家共同强调的道德准则，古人强调的"修身、齐家、治国、平天下"都离不开诚信作支撑。其次，诚信是历代政治家治国理政的法宝，中国历史上有太多因诚信而立天下、因失信而失天下的故事。最后，诚信是中国家教修养的必修之课，家书家训中有关诚信的警句比比皆是。

在当今社会主义市场经济环境下，诚信作为一种道德品质显得尤为重要。这就需要我们对古代的诚信观进行梳理，提炼精华，赋予其时代精神，为建立诚信社会贡献力量。

明·戴进《三顾草庐图》

**诚信者，天下之结也。**

——《管子·枢言》

结：纽带。

【大意】

诚信，是天下的纽带。

【解读】

管仲认为，圣明的君王重视诚信，因为诚信是沟通各种社会关系的基本途径。诚信的人，就是仁者。聪明而不会被欺骗的人，就是智者。而仁与智兼备，可以说就是集大成的人格了。春秋时期，管仲辅佐齐桓公称霸，正是通过“诚信”建立齐国的威望，赢得支持。因此，孔子有这样的评价“齐桓正而不谲，晋文谲而不正”，意思是齐桓公的霸业正大光明而不诡诈，而晋文公的霸业就与之相反了。

即使是在春秋争霸的复杂历史背景下，“诚信”也能够得到天下的认可。在当今文明的世界，无论国与国之间，还是人与人之间，诚信更应当成为一种基本的交往准则。国家的诚信形象、国民的诚信品格，是重要的软实力，对打造国际形象和声誉起着重要作用。这句话常用来形容诚信的重要性。



**贤贤易色，事父母，能竭其力，事君，能致其身，与朋友交，言而有信；虽曰未学，吾必谓之学矣。**

——《论语·学而》

【大意】

看重实际的德行，轻视表面的姿态；侍奉父母，能够竭尽全力；尽忠君主，能够献出自己的生命；同朋友交往，说话诚实恪守信用。这样的人，也许没有接受过系统的学习，但我认为，这才是真正的素质。

【解读】

儒家认为，天地之间有五伦，即五种基本的人际关系，分别是“君臣、父子、兄弟、夫妇、朋友”，而五伦的标准是“父子有亲，夫妇有别，长幼有序，君臣有义，朋友有信”。信用，是朋友交往的第一要素。

正是在这种道德风尚的激励下，中国古代有很多朋友之间的信诺故事。如三国时期，吴国人卓恕从建业（今江苏南京）回老家省亲，临行前向朋友诸葛恪告别。诸葛恪问他归期，卓恕说定了一个日子。到了这一天，诸葛恪设宴请客，但迟迟不开席，等着卓恕到来。两地相隔甚远，卓恕能否准时？客人们议论纷纷，但诸葛恪坚持要等。过了一会儿，卓恕果真到了，大家叹服不已。作为践行社会主义核心价值观的新时代公民，更应当以此自勉。这句话多用来指朋友间交往的诚信原则。



## 民无信不立。

——《论语·颜渊》

【大意】

国家没有公信，人民就不拥护。

【解读】

学生子贡向孔子请教治理国家的原则。孔子认为，需要具备三

个基本标准：粮食充足、军备充足、人民信任。子贡继续问，如果不得已去掉一条，去掉哪个？孔子说，去掉军备。子贡再问，如果再去掉一个呢？孔子便说，去掉粮食。自古以来，人总是会死的。但失去民众的信任，政权就无立足之地。

这句话本意是指信用对于国家之重要。但后世也往往引申为“人不讲诚信就无法立足于社会”之义。无论对国家民族，还是对个人，诚信都是基础，这点是毋庸置疑的。这句话常用来强调诚信是立身之本。

**言必信，行必果。**

——《论语·子路》



【大意】

*说话一定要讲信用，做事一定要果断。*

【解读】

孔子在强调诚信的重要时，用了一个比喻：“大车无輗，小车无軏，其何以行之哉？”輗（ní）、軏（yuè），分别是牛车、马车辕与轭相连接的木销子。没有这个零件，车子就无法前行。换言之，诚信也是人身上的必备零件，缺少诚信的人，在社会上寸步难行。而当学生子路向孔子请教什么样的人才能称得上是“士”时，孔子说了三个标准，最次也至少是“言必信，行必果”，可见，孔子认为诚信是做人的最基本、最起码的要求。

古往今来，诚信都是社会不可或缺的运行规则，是社会进步无比珍贵的精神财富。今天，诚信纳入社会主义核心价值观，与中国传统文化是一脉相承的。这句话通常用来形容诚信对于人生的价值，以及人应当践行诚信的真理。

**一声而非，驷马勿追；一言而急，驷马不及。**

——《邓析子·转辞》

驷：古代同驾一辆车的四匹马，或套着四匹马的车。

【大意】

一句话说得不对，跳上四匹马拉的车也难以追回；一句话出口太急，套上四匹马拉的车也追赶不及。

【解读】

这句话可能是先秦时代的俗语，《论语·颜渊》中也有相似的句子“驷不及舌”。后世将之浓缩为“一言既出，驷马难追”，广为流传。实际上这句话的原义是指说话做事要慎重，因为出了口的话就无法收回，有“覆水难收”的意思。后来则主要用其引申义，指人应当讲诚信，重然诺。



诚信要求人们遵守诺言、契约，反对毁约和违背诺言的行为。现代社会是契约社会，承认不同方彼此利益的存在与合理性，因此，为了维护各方利益，就需要以契约形式保证相互不损害。换言之，契约就是个体、群体之间达成的协议。在这种前提下，诚信就非常重要。唯有诚信才能尊重契约，才能谋求共同发展。

**信，国之宝也，民之所庇也。**

——《左传·僖公二十五年》

【大意】

信用，是一个国家的无价之宝，是民众的庇佑。

【解读】

春秋时期，晋文公率军队围困了原国。双方僵持不下之际，晋文公命令部下准备三天的粮食，如果还攻打不下原国，三天过后就班师。这时，原国已经人心涣散，再坚持一段时间就能攻破了。晋国的将士纷纷要求晋文公废除三天后撤军的命令。但晋文公表示，信用是国家真正的宝物，为了攻破原国而失去信用，得不偿失。三天后，晋文公毅然宣布撤军，原国感慨于晋文公重信，反而主动出城投降了。

晋文公的这一举动其实有“兵不厌诈”的嫌疑，但他所说的道理却是不错的。古人言“信用”，今天说“公信力”。对于一个国家，公信力的构建也许比经济建设还难，而且更难的还在于维护。提高政府公信力，尤其需要政府工作人员从提高自我诚信素质做起。这句古语常用来表达诚信对于国家社会发展的不可估量的意义。

**志不强者智不达，言不信者行不果。**

——《墨子·修身》

【大意】

意志不坚强的人不会变得聪明，说话不讲信用的人做事不会果断。

【解读】

墨子早年受儒家影响，中年后才自创墨家学派，因此其思想中保留了很多儒家观点，对道德修养的重视正源于此。在墨子看来，

“信”是修身的重要基础。他还指出，“政者，口言之，身必行之”，强调诚信在政治中的作用。

墨家思想讲求“兼相爱，交相利”，认为“义，则利也”，也就是说，符合道义的事，就是有益的事，能够让人得利。这一观点，对于当今推进诚信社会建设非常有意义。正确看待道义与利益之间的关系，有助于提升社会的道德水平。当人们认识到，诚信能够带来利益更大化时，就会自觉遵守诚信的规则。著名爱国港商李嘉诚曾表示，自己为商成功之道在于“诚信”，正是如此。这句古语往往用来说明人应当具备坚强的意志与诚信的品质。

## 诚者，天之道也；思诚者，人之道也。

——《孟子·离娄上》



【大意】

诚，是自然规律；追求诚，是做人的道理。

【解读】

孟子认为，无论对于上级、朋友、父母，都应当抱着善良的本质而秉持一种真心诚意的态度，只有通过真诚打动他人，才能得到他人的信任。自然界的一切，都是真实的，没有虚假，因此可以说，真实是万物存在的基础，而人遵循自然界的规律行动，也就应当以真实、真诚面对他人、面对世界。

诚是信的根本，信是诚的延伸。只有在真诚之上，才能建立信赖；虚伪只能换来虚伪。人与人坦诚以待，而不是相互欺骗、勾心斗角，信用便自然产生。诚信是一面镜子，是衡量一个人道德素质的重要尺度。老老实实做人、干干净净做事，也即此义。这句话用来

勉励人应当自觉诚信为本。

**凡交，近则必相靡以信，远则必忠之以言。**

——《庄子·人间世》

靡：通“縻”，维系。

【大意】

只要是交往，与关系亲近的一定要相互信任，与关系不亲近的一定要忠实于自己的诺言。

【解读】

庄子善用寓言，往往虚构故事以表达自己的想法。这句话出自他虚构的叶公子高（即“叶公好龙”的主角）与孔子的对话。楚国大臣叶公子高即将出使他国，向孔子请教出使的原则。于是孔子回答，国与国之间交往，对于邻近的国家，应当以信任相互亲近友好，对于远方的国家则更需要在言辞上忠实真诚。因为言语是最容易令人引起误会的，加油添醋的华丽辞藻会让人觉得虚伪，平实朴素而情感诚挚的语言就是交际的最好工具。

把这个道理推及至国际交往领域，无论大小穷富，诚信都应是恪守的准则。唯有诚信，才能实现平等互利，否则，尔虞我诈必然会带来彼此猜疑，进而对双方利益都造成损害。这句话多用来形容国与国之间应诚信交流的道理。

**真者，精诚之至也，不精不诚，不能动人。**

——《庄子·渔父》

精：专一，深入。

【大意】

所谓真心，就是专一诚挚到极点。不专一不诚挚，就不能打动人。

【解读】

在庄子虚构的寓言中，孔子向渔父请教“真”的道理，渔父解释道：真，就是诚到极点，真正的伤悲不出声也让人哀恸，真正的愤怒没有发作就已经令人畏惧，真正的亲热用不着笑就已经和美。真性存于内心，精神便会显露在外，这就是贵真的原因。

真，是道家哲学中一个典型概念。老子、庄子等道家学派思想家都认为，真，是事物的本原状态，代表着原始朴素的完美，因此人类所追寻的目标，就应该去除外在蒙蔽，所谓返朴归真即是此义。诚信要建立在“真”的基础上，无真正的情感投入，就不能感动感染他人，也就谈不上信赖信任。这句话现在常写作成语“精诚所至，金石为开”，比喻只要专心诚意去做，什么疑难问题都能解决。



**善不由外来兮，名不可以虚作。**

——战国·屈原《九章》

【大意】

善行要靠自己努力，不可能从外而来，名声要与实际相符，不要弄虚作假。

【解读】

这两句诗出自于屈原的《九章·抽思》。作者在诗中先是饱含

激情倾诉了自己遭谗被逐的痛苦经历，接着抒发了内心深处的孤独苦闷和对君王的深深怀念，字里行间洋溢着诗人情系祖国魂牵梦绕的故园之情。在这两句诗后面，诗人又吟道："孰无施而有报兮，孰不实而有获？"——哪有不给予的而能得到酬报？哪有不种瓜的而能够得到瓜？表达了诗人一心向善，矢志忠贞报国的热切情怀。

诗句是诗人灵魂的燃烧释放出的绚丽火花，屈原在遭馋被逐落魄悲苦的境遇之中，依然恪守着内心的纯洁、笃诚和炽热的报国情怀。在大力倡导不务虚名、实干兴邦的当代社会，这两句诗常用以抒发不慕虚名、倾心向善、埋头苦干的热血衷肠，表达英姿勃发努力奋斗的进取精神。



## 君子养心莫善于诚。

——《荀子·不苟》

【大意】

君子陶冶思想性情，提高自己的道德修养，没有比诚心诚意更重要的了。

【解读】

荀子是战国时期儒家思想的代表人物，他继承和发展了儒家关于"诚"的理念。所谓"不苟"就是为人处事不做苟且之事，要立足于仁义道德。而行仁义道德的关键就在于真诚。荀子解释说：圣人要算明智的了，不真诚就不能感化万民；父子之间要算亲密的了，不真诚就会疏远；君主要算尊贵的了，不真诚就会受到非议。真诚，是君子的操守，政治的根本。

真诚是诚信的一个侧面。因为真诚，我们就不会为了得到一个好工作或者升职，而办假文凭；因为真诚，我们也不会为了显示自己的业绩，而虚报政绩。真诚使人心胸坦荡、心灵平静；真诚使人与人之间产生信任并相互尊重，从而建立合作关系，最终走向和谐共赢。这句话常用来强调为人真诚的重要性。

## 诚信生神，夸诞生惑。

——《荀子·不苟》

【大意】

诚实守信可以赢得人们的信赖，产生神奇的社会效应；相反，夸大虚妄则会给人们造成重重疑惑。



【解读】

这句名言同样出自于《荀子·不苟》："公生明，偏生暗，端悫生通，诈伪生塞，诚信生神，夸诞生惑。"公正就会明察事理，偏私导致昏暗愚昧；正直老实就会通达顺畅，欺诈虚伪导致闭塞不畅；诚实守信会产生神奇的社会效应，夸大虚妄则会令人产生疑惑。我国古代文献中，"诚"和"信"最初是指对鬼神的真诚和敬虔，后来逐渐演变为人际交往中的准则。

作为一种道德规范和行为准则，诚信对于人们思想和行为的价值导向作用是普遍而恒久的。在全面提高公民道德素质，大力加强政务诚信、商务诚信、社会诚信和司法公信建设的今天，这句名言常用以表达遵循实事求是的思想路线，老老实实做人、踏踏实实做事的价值追求。

## 小信成，则大信立。

——《韩非子·外储说左上》

【大意】

小的信用能够遵守，大的信用才能确立起来。

【解读】

作为先秦法家思想的集大成者，韩非子十分强调诚信的重要作用。他认为每个人做事，无论大小都要讲信用，小信一点一滴积累起来，就能成为有信誉的人。接着，他又从做君主和推行法令的角度阐述了诚信的意义。

诚信是立身之本，但判断一个人是否诚信，不是通过一朝一夕、一件事情就可以下结论的。真正的诚信应该是一种融化在每个人血液中的精神，而不是流于表面的口号。因此，我们应该从自身做起，从身边的每件小事做起，摆脱虚伪和口是心非，恪守诚信之道，最终赢得广泛的信誉，这也是当今培育以“诚信”为基础的核心价值观，加强以诚信为主要内容的公民道德建设的目标和方向。这句话常用于勉励人们待人处事要坚持以诚信为原则。



## 信者，德之固也。

——汉·贾谊《新书·道德说》

【大意】

信能使一个人的道德修养保持高洁坚韧。

【解读】

“信”作为儒家的伦理范畴，意为重承诺，守信用，行笃实。孔子提出“仁义礼”，孟子延伸为“仁义礼智”，董仲舒扩充为“仁义礼智信”，称之为“五德”或“五常”。古人在漫长的社会实践中逐渐认识到，如果仅有前面四个要素，这个价值体系的链条是不完整的，必须要有一个规制性的要素，这个要素就是后来加上去的“信”。信是其他价值要素的证实、体现、稳固和升华。

自古以来，“季札挂剑”“得黄金百斤，不如得季布一诺”等恪守信用的故事深入人心。在经济全球化、利益多元化的时代背景下，贾谊的这句话对于人们筑牢心底重信守诺的道德防线，坚持“言必信，行必果”的行为准则和价值取向，具有重要的指导意义。



## 得黄金百斤，不如得季布一诺。

——《史记·季布列传》

【大意】

得到一百斤黄金，不如得到季布的一个许诺。

【解读】

成语“一诺千金”即来源于这句话。西汉著名史学家司马迁在《史记》中记载，秦汉之交，季布以侠义闻名，一生没有失信于人。他在楚汉战争中是项羽的大将，多次率兵击败刘邦。项羽败亡后，刘邦做了皇帝，因季布有“重诚信”的口碑而将其赦免，还任命他担任河东太守。明末清初思想家顾炎武在《推官二子执后欲为之经营而未得也而二子死矣二首》中化用季布重诺的典故，写道：“生来一诺比黄金，那肯风尘负此心。”

诚信是每个公民基本的道德准则，也是维系现代社会健康运

转的必要条件。诚信的缺失会给我们的经济生活和社会风气带来严重后果。为此，我们需要加强诚信教育，强化公民对诚信的价值认同，让诚信成为社会公众日常生活的道德底线。这句话常用来强调诚信的价值不是金钱所能衡量的。

## 诚者，非自成己而已也，所以成物也。

——《礼记·中庸》

【大意】

真诚，并不是做到了自我完善就够了，还要在此基础上，影响他人，完善事物。

【解读】

作者在讲述了这句话之后，接着进一步阐发：做到自我完善是仁，完善事物是智。仁和智都是出于本性的德行，是融合自身与外物的准则，所以任何时候施行都是适宜的。不仅自己要做到真诚，还要使周围所有的人都变得真诚。战国时以子思和孟子为代表的思孟学派认为，“诚”是表述宇宙本体特性的哲学范畴，《中庸》更鲜明地提出，天道就是诚，人道就是追求诚。因此，违背诚的原则，就是违背客观规律。

精诚所至，金石为开，自古皆然。这句话对于人们在践行社会主义核心价值观的过程中，如何努力做到诚，以及如何理解诚的意蕴和境界，具有重要的启迪意义。

## 欲修其身者，先正其心；欲正其心者，先诚其意。

——《礼记·大学》

【大意】

要想修养好自己的德行，先要端正自己的思想；要想端正自己的思想，先要使自己的意念真诚。

【解读】

《大学》认为，修养好个人的道德品质，是“齐家”“治国”“平天下”的根本；而要修好身，就必须做到意念真诚而不虚伪，无所矫饰、不偏不倚，只有这样才能建立自己的信誉，发展自己的人格，提高自己的德行修养。

自古以来，诚信就是一个人乃至一个国家生存的根本，也是人类社会普遍的道德要求。历史上因失信亡国、因诚信成事的例子比比皆是。不可否认，当今社会，仍存在一些违背诚信的现象，给正常的人际交往和社会秩序带来危害。但是，随着经济的发展和国民素质的提高，每个公民都能够意识到建立诚信社会的重要性，实现全民诚信的中国梦，并不遥远。这句话常用于强调真诚、信誉对修身的重要性，同时也阐释了诚信是提高道德修养的基础。



## 延陵季子兮不忘故，脱千金之剑兮带丘墓。

——汉·刘向《新序·节士》

延陵季子：即季札，春秋时期吴王寿梦第四子，是一位贤人。因其所居封地在延陵（大约在今江苏常州、江阴等吴地沿江一带地区），又称为“延陵季子”。

【大意】

季札不忘从前的承诺，把贵重的宝剑挂在了徐国国君坟墓旁的树上。

【解读】

这句讲的是季札挂剑的故事。春秋时期，吴国公子季札出使中原列国。途中，他与徐国国君一见如故，结为知己。徐国国君非常喜欢季札佩带的宝剑，却难于启齿相求。季札因自己还要遍访列国，便未相赠，但心里已经决定出使回来后要以宝剑相赠。谁知，季札出使归来，再经徐国时，国君已经去世。季札慨然解下佩剑，挂在徐君墓旁的树上，兑现了自己早先许下的承诺。

如今，我们所处的环境和涉及的事务更加纷繁多变，言而无信、破坏契约，小则损毁自己的形象，大则有损国家和社会的声誉。季札重义守信的故事彰显着诚实守信这一传统美德的现实意义。



## 以信接人，天下信之；不以信接人，妻子疑之。

——晋·杨泉《物理论》

妻子：妻子和儿女。

【大意】

以诚信的态度对人，天下人都会信任他；不以诚信的态度对人，连妻儿都会怀疑他。

【解读】

西周时期，周幽王宠爱美人褒姒。为博美人一笑，幽王点燃了危急时刻才能燃起的烽火，将诸侯军队引来。各路诸侯日夜兼程而来，却没有发现敌情，弄得尴尬狼狈。幽王则与褒姒在城上观看他们的糗态，褒姒被逗得哈哈大笑。此后幽王屡燃烽火，逐渐失去了诸侯们的信任。幽王昏庸无道，使得众叛亲离。他的岳父申侯串通缯国与犬戎向他发起进攻，此时幽王再举烽火求救，已经没有诸侯肯来救他了。最终幽王被杀，西周灭亡。

西晋哲学家杨泉的这句话，与周幽王"烽火戏诸侯"的故事都表达了同一个道理——诚信的人会使人信服；不诚信的人，则会遭到众人反对、亲人背弃，最终处于孤立。诚信是社会发展的基石，它不是一个简单的个人问题，而是关乎"天下兴亡"的社会问题。



## 贪诈伪之小功，失诚信之大义，一为不信，终身取尤。

——北齐·刘昼《新论·履信》

尤：过失，罪过。

【大意】

依靠欺诈建立了小的功劳，却丧失了诚信的大义。一朝违背诚信，终身受其所害。

【解读】

战国时期，商鞅率秦军攻打魏国，双方势均力敌，秦军难以取胜。商鞅于是写信给魏军统帅——他曾经的至交好友魏公子卬，假意约其饮酒会盟。公子卬毫不怀疑，如约而来，不料陷入商鞅的埋伏，魏军大败。商鞅立了大功，受封十五座城邑，从此号为"商君"。但此事也让商鞅信誉扫地。数年后，商鞅在秦国失势，为躲避追捕而逃往魏国。魏国因商鞅失信在先，拒绝让其入境。最终，

商鞅被秦国捕杀，落了个车裂灭族的下场。商鞅“立木取信”的故事曾广为传颂，但他未能将诚信贯彻始终。北齐文学家刘昼的评价“一为不信，终身取尤”，就是很好的诠释。

刘昼这句话说明了诚信对人的重要意义。千百年来，中华民族视诚信为立身之本。如今，党的十八大报告首次将诚信纳入社会主义核心价值体系，使其成为了社会主义核心价值观的道德基础。

**不信之言，无诚之令，为上则败德，为下则危身。**

——唐·吴兢《贞观政要·诚信》

【大意】

不守信用的言语，不讲诚信的政令，对于君王，会败坏其德行，对于臣下，则会危及生命。

【解读】

《贞观政要》是一部政论性的历史文献，由唐代史学家吴兢编撰而成。全书以君臣对答的方式，分类记录了贞观年间唐太宗与身边大臣魏徵、房玄龄等四十五人的政治言论，目的是方便后人参考前人经验，以古为镜，择善而从。书中记载，有一次，魏徵上书，论及诚信。他说，不论是一国之君，还是平民百姓，都要讲求诚信、言出必行，否则都不会有好结果。即使身不由己、处境艰难，君子也不会做有失诚信的事情。

这句话告诉我们，践行诚实守信，应当从上到下贯彻如一。无论是领导干部还是普通百姓，只有做到人人讲诚信，才能够统一思想，凝聚力量，通过加强全社会诚信体系建设，营造良好的社会氛围，为构建社会主义和谐社会提供强有力的思想道德基础。

## 廉者憎贪，信者疾伪。

——《新唐书·陈子昂传》

【大意】

清廉的人憎恨贪婪，诚信的人厌恶虚伪。

【解读】

据载，唐朝宰相李勉少时家贫，在外地游历时与一位书生同住一间客栈。书生病重，临终前将自己的百两白银交给李勉道："希望你用这些钱将我埋葬，多余的银子就送给你吧。"李勉答应为他料理后事。安葬书生后，李勉将剩下的银两放在墓穴中一起埋下。事后，书生的家人前来道谢，李勉与他们一同启开墓道，拿出银子如数奉还。李勉受人之托，忠人之事，不图财物，诚实守信可见一斑。任职宰相之后，李勉的清正廉洁也同样为天下人赞誉。



诚信与廉洁是两个不同范畴的道德准则，但二者间又有密切的联系。纵观历史，诚信之人往往清正廉明，廉洁之人也往往诚实守信。这句话说明诚信与清廉同为难能可贵的优秀品质。

## 自古驱民在信诚，一言为重百金轻。

——宋·王安石《商鞅》

驱：驱赶，此处意为治理。

【大意】

自古以来治理百姓必须注重说到做到，取信于民，一句话的分量重于黄金百斤。

【解读】

王安石是北宋时期著名的改革家，他提倡以诚信治民，曾用季布“一诺千金”的典故来赞扬商鞅当政时令出如山，通行无阻。季布是楚汉时期项羽手下的大将，平时言而有信，答应别人的事情，一定竭尽全力去做，从不使人失望。这种美好的品质使他赢得了许多朋友，民间流传着一句话：“得黄金百斤，不如得季布一诺”。后来，他开罪了汉高祖刘邦，被悬赏捉拿。结果他的旧日朋友不被重金所惑，而且冒着灭九族的危险来保护他，使他免遭祸殃。

这句话说明诚信是人安身立命的根本。一个人诚实守信，自然得道多助，能获得大家的尊重和帮助。反过来，如果贪图小利而失信于人，虽然可能得到些眼前的实惠，但却毁掉了自己的声誉，无异舍本求末、得不偿失。



**忠信礼之本，人无忠信，则不可以为学。**

——宋·程颢、程颐《朱公掞录拾遗》

【大意】

忠与信是礼制的根本，人如果没有忠信可言，就不能做学问。

【解读】

儒家无论治国还是治学，都以礼为本，礼又植根于道德，诚信则是道德的基础。早在春秋战国时期，儒家先贤就把“正心诚意”视为“修身齐家治国平天下”的先决条件。既然如此，宋代大儒程颢、程颐对“忠信”或说“诚信”定位如此之高，甚至认为不诚信的人没有资格做学问，也就不难理解了。

事实上，诚信不止是做学问的基础，也是做好一切工作的必要条件。如果一个人的诚信记录不佳，证明他随时可能因为利益而转换立场，这样的人即使才华再出众，又怎么能获得别人的信任，做好手头的工作呢？即使他真的想做出一番事业，别人也会不由自主地警惕他，平白造成很多阻碍，这是非常可悲的。这句话常用于表达诚信的重要性。

## 自谋不诚则欺心而弃己，与人不诚则丧德而增怨。

——宋·程颐《河南程氏粹言》

【大意】

不能诚实地面对自己，就等于欺骗本心而放弃自己；不能诚实地面对别人，就会损害德行而积累怨恨。



【解读】

在同时代人的记录中，程颐是个非常严肃认真的人，其学术以“诚”为最高宗旨。程颐认为，人在一切情况下都应该保持“诚”的状态，不欺骗别人，更不欺骗自己。所谓欺骗自己，就是违逆自己的本心和良知，去做不符合道德的事情。程颐所追求的这种“诚”，可以说是诚信的最高境界。

很多时候，我们在不经意间就向压力和诱惑投降了，做了一些虽然无伤大雅、但多少有损道德的事情，自己还未必知道。按照程颐的观点，这就是“自谋不诚”，如果总是任由这样的事情发生，就等于放弃了自己的道德生命。由此可见，坚守诚信确实需要时时自省，并主动提升道德修养。这句话常用于解释诚信对人对己的重要性。

**诚是自然底实，信是做人底实。**

——宋·朱熹《中庸章句》

底：助词，同“的”。

【大意】

诚是从自然方面说的“真实”，信是从做人方面说的“真实”。

【解读】

朱熹是程颐的三传弟子，学术思想与程颐一脉相承，也极其重视“诚”，认为“诚”是真实无妄的自然法则，与天地之道为一。这就是所谓“诚是自然底实”。相应地，朱熹认为“信”是人与人之间相处的正道，要求大家以信相待，真实不欺，即“信是做人底实”。朱熹把“诚”与“信”分成两个范畴，“天道”主“诚”，“人道”主“信”，这就把“诚信”从为人处世之道上推到天道、大道的层面了。

朱熹虽然把“诚”“信”分开说，但是本句说得明白，两者的本质都是“实”，只不过所涉及的层面不同而已。在朱熹看来，诚信即是求实，人想要诚信，就需要实事求是，遵循本心，不搞邪门歪道。这其实与我们今天所主张的以诚信待人原则并无不同，只不过朱熹给“诚信”添加了一层“天道”的神秘外衣而已。这句话常被用来阐述诚信的本质。



**诚，五常之本，百行之源也。**

——明·曹端《诚下篇》

【大意】

诚，是仁义礼智信五常的根本，也是各种善行的来源。

【解读】

曹端是明代的理学家，其学术以讲求实践、存养道德为先，非常重视诚信的道德价值。我国古代将仁义礼智信称为“五常”，认为这五种道德是永世不变的，每个人都应该遵循。曹端把诚信视为“五常”的根本，进而把各种善行都归结为来源于“诚”，可以说是给“诚”赋予了很高的价值。

当然，曹端的评价并不过分。评价一个人的为人处事之道如何，往往是看他的诚信程度如何。诚信的人不会欺骗他人，不会违背自己的本心，不会破坏伦理道德。讲究诚信，能够有效提升个人的道德水准，进而推动社会总体道德水平的上升。既然如此，古人以“诚”作为“五常”“百行”的来源，也就是很好理解的了。这句话常用来评价诚信的价值。



## 轻诺者必寡信，与其不信，不如勿诺。

——清·申涵光《荆园小语》

【大意】

随便许诺的人一定是不讲信用的。与其许诺以后无法实现，不如不许诺。

【解读】

“轻诺必寡信”是《老子》中的名言，清人申涵光对其再作发挥，指出“与其不信，不如勿诺”，这是对于诚信原则的深刻理解。许诺者如果没有详细考虑践诺需要付出的成本，以及自身践诺的能力，很容易导致诺言最终化作泡影。这样的事情多了，必将损害个人的诚信形象，使人感觉此人不可信赖。

诚信是人和人之间相处的重要原则。如果一个人不讲诚信，轻于许诺而不去履行，则会降低自己的信誉，破坏自己的人际关系，造成不可估量的损失。相较而言，不轻易许诺的人虽然看起来不够爽快，也不容易得到别人的感谢，但由于他不随便许愿、言出必行，反而更有利于塑造自身诚信的形象。这句话常用来解释谨慎许诺的必要性。

## 凡出言，信为先，诈与妄，奚可焉。

——《弟子规》

【大意】

凡是说话，最要紧的是诚实讲信用；说谎话、讲不切实际的话，都是不可以的。



【解读】

《弟子规》原名《训蒙文》，作者是清朝康熙年间的秀才李毓秀。他以《论语·学而》中“弟子入则孝，出则悌，谨而信，泛爱众，而亲仁，行有余力，则以学文”为中心，详细列述弟子在家、出外、待人、接物与学习上应当恪守的守则规范，最终编成此书。后来清朝贾存仁修订改编《训蒙文》，并改名《弟子规》，成为教育后辈正直做人、养成忠厚家风的最佳读物。这句话阐述了一个人自幼就要讲诚信的道理。

中国历史上诚信的故事层出不穷，由此形成了中华民族诚信守义的优良传统，诚信，被视为修身、齐家、处世、治国的必备美德。当前，随着社会主义市场经济体制改革的不断推进，诚信日益成为推动经济和社会发展的重要因素。这就要求我们在加强诚信意识的同时，诚信做人，诚信做事。这句话常用来告诫人们要言而有信。

社会主义核心价值观在个人层面倡导友善，是社会主义核心价值体系生活化、大众化的重要体现。它既是对传统道德精华的继承，又反映了人类社会发展和中国现实需要的时代内涵。具体而言，友善主要表现为三种态度：一是对他人要相互尊重、理解宽容、协调合作；二是对外部世界要尊重自然、保护环境、珍惜资源；三是对自己、对内在心灵要与己为友，常怀恻隐之心。友善有助于人与人之间的和谐，有助于人与自然的和谐，有助于社会信任的增加。

友善是中华民族的传统美德。友善思想在我国传统文化中源远流长。甲骨文“友”字的造型是顺着一个方向的两只手，意为二手协同或以手相助。此外，古人还强调“仁者爱人”，提出了“出入相友、守望相助”的人际交往观、“万物一体”“天人合一”的生态和谐观。在此基础上，发展出一系列道德实践理论，包括“反求诸己”“推己及人”的忠恕论，“责友以善”“以友辅仁”的友善观，等等。

当前，践行社会主义友善价值观，是社会主义条件下处理人际关系、建设和谐家园、实现民族梦想的重要精神条件和价值支撑。这就需要我们在继承古代的友善理念的同时，实现其创造性的转化和创新性的发展。

清·黄慎《携琴访友图》

## 有容，德乃大。

——《尚书·君陈》

【大意】

懂得包容， 德行才能广大。

【解读】

西周时期，周公去世，周成王封周公次子姬君陈继任其父职位，并郑重对其进行叮嘱告诫，这就是《君陈》一文的来历。其中有句话："必有忍，其乃有济。有容，德乃大。"意思是，忍耐才能做成事业，包容才能光大美德。明代兵部尚书袁可立根据这句话，写下"受益惟谦，有容乃大"的自勉联；清代名臣林则徐题写对联"海纳百川，有容乃大；壁立千仞，无欲则刚"，从此，"有容乃大"成为家喻户晓的名句。

人际交往，包容是一种基本素质，能够有效促进人际关系的发展和改善。每个人都不可能是完美的，每个人的观念行为也不可能是相同的，包容正是在于接纳他人不违背原则的缺点，接受他人不同的意见。这句话多用来勉励一个人应该具备谦虚谨慎、胸怀宽阔的修养。



## 地势坤，君子以厚德载物。

——《周易·坤卦》

坤：八卦之一，用来指代大地以及阴柔的事物。引申为柔、顺等含义。

【大意】

大地的气势厚实和顺，君子应增厚美德，容载万物。

【解读】

坤为地，大地无所不载，生养万物，具有深厚的美德。相对天，它居于下位；相对刚健，它代表柔顺。人的一生，需要刚健，同时也需要谦怀，这就是“刚柔相济”。

近代学者梁启超给清华大学学生做演讲时，引用了“天行健，君子以自强不息；地势坤，君子以厚德载物”一语，使师生深受触动，遂将“自强不息，厚德载物”作为校训流传至今。《国语》中也有类似的语句，“唯厚德者能受多福，无福而服者众，必自伤也”，意思是说，只有美德宽厚的人才能有福、才能服众，如果不具备德行，即使众人一时拥护，最终也会造成不好的结果。在人际交往中，胸怀广阔的人，必然能够赢得更多的支持与爱戴。友善的态度，就是以宽厚和包容对待他人。这句话多用来形容人的广阔胸襟。



**天道无亲，常与善人。**

——《老子》第十七章

【大意】

自然法则不分亲疏，对所有的人一视同仁，善人遵循天道，所以会得到天道的护佑。

【解读】

老子所主张的“道德”观念，含有公平正义的内涵。所以他认为，“天地不仁，以万物为刍狗”，其实并非指天地残忍，而是与“天道无亲”的含义近似，是指世界的客观规律是平等的，对所有事物都同样对待。但即使在平等的前提下，道德也是不可或缺的元

素。善良是促进事物发展的力量，顺应自然规律，因此善人会得到好的机遇。

正如墨子所主张的“义则利也”，做好事也就是做使自己获利的事，因为世界的规律也会有利于做好事的人。人类社会要有所前进，其方向必然是正义与博爱，而朝着这一方向努力，也许暂时得不到好处，但最终必将获得长远的利益。“计利应计天下利，求名当求万世名”，对于每个人来说，友好他人，坚持行善，终将得到福报。这句古语多用来勉励人向善积德。

**投我以木桃，报之以琼瑶。**

——《诗经·卫风·木瓜》



琼瑶：美玉。

【大意】

送给我木瓜，以美玉作为回报。

【解读】

《木瓜》是诗经中的名篇。对这篇诗的主旨，历代学者有多种解释，无论哪种解释，归根结底都表达了对他人友好情义要给予回报的道理。《诗经·大雅·抑》一诗中也写过“投我以桃，报之以李”的句子，而《木瓜》则增进一层，以贵重之礼回报普通之礼，就将人与人之间的友善表现得更加高尚美好。

礼尚往来是中国传统礼节的重要部分。人与人之间的友善是相互的，虽然付出并非意味着一定期待回报，但有所回报一定会让付出更有承载。善行需要发扬，也就需要鼓励，给予回报则是鼓励善行的最好方式。孔子认为，人应当“以德报德”，正是此意。友善作为社会主义核心价值观之一，尤其需要人们相互友好对待，以善行回报善行，从而弘扬美德。这句话一般用来形容美好的友情。

**有朋自远方来，不亦乐乎？**

——《论语·学而》

【大意】

有志同道合的人从远方来相会，不也是很快乐的吗？

【解读】

《学而》作为《论语》的第一篇，开宗明义点出了实现人生价值的三个基本途径：学习、交际、人格构建。人通过学习提升自我，通过交际融入社会，在学习与交际的共同作用下，完成人格构建，达到理想的“君子”境界。孔子以亲切热情的态度，表达了对朋友的友好情感，这一简单朴素的话语，正因平实真挚，成为千古名句。



儒家将“朋友”看作人生基本五种伦理关系中的重要一环。友情是凝聚人与人之间关系的重要纽带，是社会交往的基本形态之一。美好的友情能够促进个体的共同发展进步，也是让人生得以快乐幸福的动力。这句话现在常用于表达对朋友来访的喜悦之情，也多见于外交场合，表达中国对世界的热情友好。

**己所不欲，勿施于人。**

——《论语·卫灵公》

【大意】

自己不愿承受的事，也不要强加在别人身上。

【解读】

学生子贡向孔子请教："有没有一个字，虽然简单，却是可以终身奉行的？"孔子回答说："那就是'恕'字吧。恕的意思，就是自己不愿意的，不要强加给别人。"恕，是孔子乃至儒家思想的宗旨，学生曾参评价孔子思想是"忠恕而已"。"恕"与"仁"异曲同工，因此东汉许慎在《说文解字》中注释"恕，仁也"，一言以蔽之，就是宽厚、包容、仁爱、善良之义。

这句话可说是中华民族数千年传统文化的精髓所在。新中国成立以来，历届党和国家领导人都多次用这句话表达中国在国际交往中的和平友好态度。国与国之间，人与人之间，应当以此为交际准则。相互理解，相互体贴，才能友好交流，否则，必然产生误会和矛盾。这句话堪称是人际交往的第一准则。



**见善如不及，见不善如探汤。**

——《论语·季氏》

汤：沸水。

【大意】

看到好的人或事，就应该主动学习，唯恐担心自己达不到；看到不好的人或事，就要远离而不仿效，好像把手伸到沸水中一样赶快避开。

【解读】

这句话与"见贤思齐焉，见不贤而内自省也"意思相近，都是指人应当自觉向好的、善的行为学习，不断提高自我修养，远离错误行为。晋代学者傅玄在《太子少傅箴》一文中写道“近朱者赤，近墨者黑”，正是对孔子此语的引申。

孟子的母亲为了让儿子有良好的生活环境，宁可三次搬家（孟母三迁），交友同样如此。不讲原则的友情，往往会让自己受到坏的影响，也就失掉了友谊的意义。唯有善良才能滋养与发扬善良，善良相聚，世界才会更美好。这句话常用来指人要自觉努力向善，修身养德。

## 亲仁善邻，国之宝也。

——《左传·隐公六年》



【大意】

与仁者亲近，与邻邦友好，是国家交往的无价之宝。

【解读】

春秋时期，陈国和郑国是邻国。早些年，陈国和卫国攻打郑国时，郑国曾向陈国求和。陈国君主不同意，大臣五父就表示，邻国之间应该亲近交好，陈国应与郑国和好。但陈国君主一意孤行，不接受五父的建议。结果，没过几年，郑国强大起来，把陈国打得一败涂地。对此，史官评价道，为善的机会不可失去，为恶的行为不能主张，陈国君主可说是咎由自取。

这句话一般指邻国之间应当友好交往的道理，也可以指导人们在日常交往中的行为。我国各地有不同版本的“三尺巷”“六尺巷”传说，大意都是两家邻居争地，最终其中一家主动让步，而感动了另一家，两家又重归于好。作为社会主义新时期的公民，在日

常生活中自觉践行友善宗旨，能够为营造和谐美好的大环境提供助力。

**从善如登，从恶如崩。**

——《国语·周语》

【大意】

学习行善就像登山一样艰难，学习作恶就像山崩一样迅速坠落。比喻学好很难，学坏很容易。

【解读】

春秋时期，周敬王在位，大臣刘文公和苌弘想要修筑城墙来巩固王室。卫国大夫彪傒听说这件事后认为，周朝的衰落由来已久，正如当初夏、商经历了多少代君主修身养德、勤勉治国才达到兴盛，但遇到昏君暴君，很快就亡国了，“从善如登，从恶如崩”，想要修筑城墙来巩固王室，恐怕是没什么用的。不久后，周朝内部果然发生叛乱，刘文公、苌弘都相继败亡。

俗话说“学好三年，学坏三天”，也是这句古语的另一种说法。与人为善，需要自身先具备善良的美德，美德正是要靠向善学习才能做到。按照孟子的观点，每个人身上都有与生俱来的向善之心，学习的过程，正是发扬光大这一本性。这句古语常用来形容人要自觉砥砺磨练自己向善的人格，警惕为恶的苗头。



**利人乎，即为；不利人乎，即止。**

——《墨子·非乐》

【大意】

利于人的事，就马上去做；不利于人的事，就立即停止。

【解读】

墨子认为，仁者做事，一定要求兴天下之利，除天下之害，做天下人的表率。要为天下人着想，不能只图自己舒服。墨子讲求“义，则利也”的义利观，并不将仁义看作高不可及的观念，而认为要将仁义放到人们看得见、摸得着、感受得到好处的层面，才能切实推行，因此以“是否利人”作为检验标准。

人生活于社会中，无论做什么，都不能只顾自己畅快，也需要顾及他人感受和他人利益。对人友善的最高境界，即是传递善，播洒爱。雷锋精神其实就是墨子这句话的升华，当今，志愿者精神也是对这句话的诠释。如果每个人都能自觉践行“利人”之事，人人为我，我为人人，最终也会使自己受益。这句话常用来指行动的出发点应以有益他人为原则。



**恻隐之心，仁之端也。**

——《孟子·公孙丑上》

恻隐：对受苦难的人表示同情；心中不忍。

【大意】

恻隐之心是仁爱的源头。

【解读】

孟子曾经说过，每个人都有怜悯体恤他人之心，即恻隐之心。圣明的君主由于怜悯体恤百姓，所以制定了仁慈的政策。如果将这种恻隐之心贯彻到政治中去，治理天下就可以像在手掌里转动东

西一样容易了。之后孟子还做了一个生动的比喻，如果有人看见一个小孩即将掉入井中，他必然会产生惊惧同情的心理——这不是因为要想去和这孩子的父母拉近关系，也不是因为要想在乡邻朋友中博取声誉，更不是因为厌恶这孩子的哭叫声，这仅仅是一种人性的自然反应，所以说人都有恻隐之心。

恻隐之心是人与生俱来的良知，它能焕发人们的友善之举，有助于形成互相关心、互相帮助、和睦友好的人际关系。这句话告诉人们，要常怀恻隐之心，因为它是仁爱友善的源头。

## 见善，修然必以自存也；见不善，愀然必以自省也。

——《荀子·修身》



修然：整饬的样子。　愀（qiǎo）然：忧惧的样子。

【大意】

见到善行，一定要整饬自查，自己是否也有此善行；见到不善的行为，一定要严肃警惕，反省自己是否也有此不善。

【解读】

荀子的《修身》一文，堪称中国伦理学史上第一篇以“修身”命题，并对此进行专题论述的文章。所谓修身，是指提高自我的品德修养，主要涉及个人如何立身处世，以及如何待人接物两个方面。无论是立身处世还是待人接物，都要持一颗友善之心，这是做人的本色，是修身养性的核心要求。培养友善之心，还要注意随时学习别人，即刻反省自己。

荀子这句话阐明了培养友善之心的态度和方法。对个人而言，友善能够赢得他人的尊重与爱戴，促进人际关系顺利健康的发展；对社会而言，友善能够减少社会冲突，帮助解决社会矛盾。总之，培养友善之心可以形成良好的人际氛围，促进整个社会风气的改善，值得我们为之努力。

## 与人善言，暖于布帛；伤人以言，深于矛戟。

——《荀子·荣辱》

【大意】

对人言辞友善，比穿戴布帛还要温暖；对人恶语相向，则比用长矛利戟刺人还要严重。

【解读】

荀子提出了著名的“性恶论”，与孟子的“性善论”针锋相对。性恶论认为人性中有恶的因素，强调通过道德教育来导人向善。其中谈到体现在言语上的友善。当人有了过失或处于困境时，一句善意的话语，会使人倍觉温暖；而一句讽刺、挖苦、打击的话，哪怕是出于无心，也会使人羞愧和痛苦。

荀子这句话告诫我们，与人交谈要言辞友善。善言是友善之心的外化，友善待人，人必回以友善，如此能形成合力，整个社会的氛围才会和谐。这就是人际交往的秘诀，也是社会生活的辩证法。

## 仁者，谓其中心欣然爱人也。

——《韩非子·解老》

【大意】

所谓仁，就是内心自发地去爱人。

【解读】

《解老》是韩非对道家经典《老子》的注解与阐释。以《韩非子》为代表的法家学说思想凌厉、论述精辟；而以《老子》为代表的道家学说则理念深邃、视野广博。凌厉的法家与深邃的道家相结合，围绕着儒家推崇的“仁”这一主题展开论述，且通过法家之口阐述的道家之“仁”，恰与儒家“仁者爱人”的诠释不谋而合，个中思想值得玩味。

这句话旨在阐明“仁”的本质——发自内心地去爱人，其外在体现就是以友善的态度去对待人，这也是人对于生命的基本同情、悲悯与关怀。在我国古代文明中尚且可以看到友善的积极意义，当下社会主义改革开放新阶段更有必要提倡和践行友善这一价值观，以此来呼唤爱心与善举，让友善之春风吹拂神州大地。



**爱而知其恶，憎而知其善。**

——《礼记·中庸》

【大意】

喜欢一个人，但也知道他的缺点；讨厌一个人，但也知道他的优点。

【解读】

“中庸”这个词，是“不偏不倚，不过不失”的意思，儒家学派以之命名《礼记》中的一篇，就是“四书”之一的《中庸》。《中庸》强调“中道而行”，追求“至诚”。在至诚的境界下，虽然人也有爱憎喜怒、亲疏远近，但并不会因为这些因素而影响对某个人的评价，而会公平对待其身上的优点和缺点，以友善的态度看待每个人。

一个人总难免有这样那样的缺点，也难免会遇到意气不相投的人。如果对待合自己胃口的人就只说好话，换了曾经冲突的人就只说他的不好，不仅不公平，而且会使偏见越来越深，不利于形成团结友善的社会氛围，如果发生在工作之中，更会因意气之争而误事。这句话常用于形容公平而友善的客观评价方式。

## 义士不欺心，仁人不害生。

——汉·刘向《说苑·谈丛》

【大意】

讲道义的人不违背本心，仁爱的人不残害生命。



【解读】

在刘向看来，仁、义虽然是大的道德范畴，但其在生活中是能够具象化的，即所谓“不欺心”“不害生”，前者是不违背自己的道德准则，后者则是不伤害其他的生命。归结起来，不过是“友善”二字而已。

先贤传授的大道理如忠孝节义之类，看起来离日常生活很远，其实与我们的生活是密切相关的。如“仁”是孔子赞许的最高境界，“义”也是儒家的根本信条，而一个人在日常生活中能够坚守道德、不伤害他人，做到与人友善相处，其实就达到“仁”与“义”的境界了。也就是说，只要坚持做好生活中的每件事，道德水准自然能够提高。这句话常用于阐释“仁义”的内涵。

**不仁爱则不能群，不能群则不胜物，不胜物则养不足。**

——《汉书·刑法志》

【大意】

不讲仁爱就不能形成群体，不能形成群体就无法利用外物，不能利用外物则无法获得足够的生存物资。

【解读】

这句话讲的是人类社会最初形成时的状态。在原始时期，人类个体力量很弱，必须想办法从自然中获取资源来维持生存。在这种条件下，人类必须通力合作、互相照顾，才能在严酷的自然界中生存下来；如果不与其他人合作，就很难维持生计。由此可见，友善是适应人类生存发展基本需求而产生的一种道德品质。



社会发展到今天，很多从前需要分工合作的工作，现在都可以一个人完成，甚至可以交给电脑控制下的机械来做，但是人际关系依然需要“友善”这一要素来维持。如果人与人不能友善相处，甚至矛盾丛生，必将造成社会的动荡与分裂；情况极端恶劣的话，整个人类文明可能都会因而倒退，这是值得我们警惕的。这句话常用于表述友善对于社会发展的重要性。

**势利之交，难以经远。士之相知，温不增华，寒不改叶，能四时而不衰，历险夷而益固。**

——三国蜀·诸葛亮《论交》

【大意】

因利益与权势走到一起的朋友，很难长久。有道德的人彼此心息相通的友谊，就像一棵花木，不因气候温暖而多开花，也不因寒冷而改变叶子的颜色，经历四时变化而不衰败，从艰险中走来而感情日益牢固。

【解读】

《论交》是诸葛亮所写的四篇短论之一，专门谈论交友的道理。在诸葛亮看来，交友不应以权势利益为标准，而是应该追求志同道合。道德高尚的人与朋友相处，不会因对方处境变化而改变自己的立场，始终能够维持一种友善的态度，使友谊历久弥坚。这是古人对于友善之道最透彻的描述。

时至今日，我们的社会与诸葛亮写《论交》时的社会已经有了很大差异，但诸葛亮的这一论断依然是很有道理的。我们建设和谐社会，提倡人与人友善相处，这就需要体会诸葛亮所描述的友善之道，力争让友谊“能四时而不衰，历险夷而益固”，而不应该使美好的朋友关系染上铜臭。这句话一般用于阐释友谊的内涵。



## 勿以恶小而为之，勿以善小而不为。

——《三国志·蜀书·先主传》裴松之注引《诸葛亮集》

【大意】

不要因为坏事很小就去做，不要因为善事很小而不去做。

【解读】

本句出自刘备给儿子刘禅的遗诏。刘备临终时，儿子刘禅才17岁，刘备担心他不足以继承自己的事业，在遗诏中叮嘱儿子要加强道德修养，多读古代的经典，以增长知识。他所特别强调的，就是要求刘禅注意日常的一举一动，要多做好事，不做坏事。简而言之，就是“与人为善”。

我们的日常生活其实是由一件件小事组合而成的，注意生活细节，做好每一件事，尽力给他人以帮助，自然可以获得别人的好感。久而久之，就能在身边形成一种友善的氛围。当然，一个人做一件好事并不难，难的是一辈子只做好事不做坏事。想要践行刘备的这一名言，需要时时自省。这句话现在通常用于提醒人，行善要从一点一滴做起，对恶行的发端要时刻保持警觉。

## 垂恻隐于有生，恒恕己以接物者，仁人也。

——晋·葛洪《抱朴子·行品》



【大意】

施放同情心在一切生物的身上，且常常从推己及人的角度去处理问题的人，就是仁爱之人。

【解读】

葛洪是东晋时代具有深远影响的道教学者和医药学家。他的《抱朴子》一书，内容以道家为主，杂糅儒、墨、法各家思想，除政治、文学、处世之外，还涉及医学、化学等各个方面。葛洪反对贪求，主张清心寡欲，提倡人们以平和友善的心态对待自然界和他人，从而做一个有仁爱之心的人。此句就是对这一观点的诠释。

友善是一种人生态度，也是一种人生智慧。从生态文明的角度看，我们不仅要友善地对待人类，还应当友善地对待动物和自然界。善待他人、爱护动物、保护自然环境，才能营造一个充满爱的和谐社会。这句话常用来强调要做一个心存善意之人。

## 贫贱之知不可忘，糟糠之妻不下堂。

——《后汉书·宋弘列传》

糟糠：穷人用来充饥的酒渣、米糠等粗劣食物，借指共过患难的妻子。　下堂：指丈夫休弃妻子。

【大意】

贫贱时结交的朋友永远不能忘记，与自己共患难的妻子永远不遗弃。

【解读】



东汉光武帝的姐姐湖阳公主丧夫后，对光武帝说："我看宋弘这人仪表堂堂、德行高尚，其他大臣都比不上他。"光武帝知道公主想要再嫁宋弘，就说："我替你问问他。"于是光武帝召见了宋弘，问道："民谚说：'一个人尊贵之后就应该换一些朋友，富有后就应该换妻子。'这是人之常情吗？"宋弘答道："我只听说过贫贱时结交的朋友不可忘记，和我一起共患难的妻子不可以抛弃。"公主再嫁宋弘之事遂作罢。

友情不需要攀比，而是需要互相的尊重和付出。友情更不是交易，不会因为金钱和地位的变化而有所改变，一切建立在功利基础上的友谊都是虚假和短暂的。宋弘的这句话值得今人深思。本句常用来告诫人们真正的友情不以身份和地位衡量，在困难时结交或帮助过自己的朋友尤其不该忘记。

**不责人所不及，不强人所不能，不苦人所不好。**

——《中说·魏相》

【大意】

对别人的不足之处不求全责备，不勉强别人做力所不及的事情，不强求别人接受不喜欢的东西。

【解读】

隋代著名思想家、教育家王通死后，弟子们为了纪念他，并弘扬他在儒学发展中所作的贡献，仿孔子门徒作《论语》而编成《中说》一书。王通在政治上，以恢复王道政治为目标，倡导实行“仁政”，这在当时是有一定的进步意义的。这句话意在强调不强人所难的君子之道，正是“仁政”思想的体现。

人的社会属性决定每个人都不可能孤立地生存，但我们希望生活在一个和谐美好的氛围当中。如何达到这种境界呢？就需要我们常怀一颗友善之心，站在对方的立场上考虑问题，不以己之长论别人之短，不以己之能强别人所不能，而是做到取长补短、互帮互助。这句话常用来强调要尊重他人的意愿，不能强人所难。



**海内存知己，天涯若比邻。**

——唐·王勃《送杜少府之任蜀州》

【大意】

只要四海之内还有你这位知己朋友，即使远在天边也感觉像邻居一样近。

【解读】

这首诗是送别诗的名作。“少府”是唐朝对县尉的通称。当时，一位姓杜的少府将要到四川去做官，诗人王勃在长安相送，临别时作诗相赠。朋友离别，悲伤在所难免，但诗人以乐观豁达的气魄说出“海内存知己，天涯若比邻”，只要同在四海之内，即使天涯海角也如同相近的邻居一样，一秦一蜀又算得什么呢？表达了朋友间的情谊不受时间的限制和空间的阻隔，是永恒的、无所不在的。

“友情深厚，江山难阻”。今天，随着现代交通和通讯的发达，距离已经不再是阻碍朋友之间相互联系的障碍。一个电话、一个短信，就能与友人回忆过去、畅谈理想。友情在于人心，用善良和诚意加以维护，友情一定能够长久。这句话常用于表达远隔千山万水的朋友之间深厚的情谊。



## 桃花潭水深千尺，不及汪伦送我情。

——唐·李白《赠汪伦》

桃花潭：在今安徽泾县西南一百里，据记载潭水深不可测。

【大意】

即使桃花潭水有一千尺那么深，也不及汪伦送别我的一片情深。

【解读】

这首诗是唐代诗人李白于泾县（今安徽皖南地区）游历时写给当地好友汪伦的一首赠别诗。诗中描绘李白乘舟欲行时，汪伦踏歌赶来送行的情景。诗人先用“深千尺”赞美桃花潭水的深湛，紧接“不及”两个字笔锋一转，用比较的手法，把无形的情谊化为有形的千尺潭水，形象地表达了二人朴实、真挚而又深厚的友情。

汪伦和李白的事迹成为后世友情的典范。友谊的维系和加深不仅仅在于互相的尊重和理解，也需要有善意的主动付出，付出体现着真诚。这句话常用于形容朋友间友情的深厚。

## 博爱之谓仁，行而宜之谓义。

——唐·韩愈《原道》

【大意】

爱所有的一切叫作仁，符合仁义的行为叫作义。

【解读】

《原道》是唐代文学家、思想家韩愈匡复儒家正统思想，摒斥佛家、道家学说的代表作，取名“原道”，意思是探讨“道”的确切涵义。文章开篇韩愈就说了这句话，提出了仁和义的概念，之后他又说沿着“仁义”之路前进便是“道”。可见，韩愈认定道的本原是儒家提倡的“仁义道德”，他认为儒家是热情关怀社会和人生的，弘扬儒家讲求“博爱”的仁义道德才能从根本上解决社会矛盾。

友善这一核心价值理念与传统的儒家思想有着传承关系，它根植于中华民族的血脉，延续着中华民族的精神。“博爱”中的“爱”已然跳出了血缘宗族关系的限制和约束，是一种充满人文关怀的感情表达，也是整个人类共同的美好情感。“行而宜之”便是以友善的态度为人处世，努力倡导友善之情，发扬友善互助的精神，共建和谐社会。这句话意在倡导人们要践行博爱精神，行仁义之事。

## 以谦接物者强，以善自卫者良。

——宋·林逋《省心录》

【大意】

用谦逊的态度待人接物的，是强有力的人；用与人为善的态度进行自卫的，是品德出众的人。

【解读】

林逋是北宋一位影响深远的隐逸诗人，终生不仕不娶，只喜好植梅养鹤，自谓“以梅为妻，以鹤为子”，人称“梅妻鹤子”。除诗歌外，他还著有《省心录》一书，内容体现了他的处世观、名利观、养生观、文艺观。其中关于谦和友善的处世方法，在协调人与人、人与社会的相互关系方面给予现代人诸多教益和启示。

友善是一种人生态度，也是一种人生智慧，更是一种强大的力量。谦和友善的人总是给人留下良好的印象，谦和友善的举动会让人感到舒服和温暖。一个小小的善举，既体现了一个人的素质和教养，又传递了社会“正能量”，凸显了社会主义大家庭的温暖和友爱。这句话常用来强调人与人相处要真诚、友善。



## 但使乡闾称善士，布衣未必愧公卿。

——宋·陆游《示元礼》

【大意】

倘能做一个街坊邻里交口称赞的好人，即使是一介布衣，也无愧于高官显贵。

【解读】

这句诗出自陆游写给孙子元礼的《示元礼》。全诗写道："燕居侍立出扶行，见汝成童我眼明。但使乡闾称善士，布衣未必愧公卿。"陆游含饴弄孙，其乐融融，又受到孙子元礼体贴入微的照顾，愈发神清气爽，耳聪目明，大发感慨：做一个人们啧啧称赞的对社会有用的好人，哪怕永远只是一个平头百姓，在任何高官显贵面前也绝无愧色。

人生的价值在于奉献，不在于取得了什么名号，博得了多少荣誉，获得了多少头衔，更不在于当了什么官，当了多大的官，或当了多久的官。如果每个人都能从小事做起，从身边的人帮起，让自己的"正能量"如同水波一般一轮一轮扩散开去，那么，"友善"之光，必能长久地普照中华大地。



## 若知四海皆兄弟，何处相逢非故人？

——宋·陈刚中《阳关词》

【大意】

四海之内的人都与我情同兄弟，我走到哪里遇见哪个人，不都是老朋友吗？

【解读】

陈刚中是南宋建炎间人，他为人刚正不阿。当时胡铨因为弹劾奸臣秦桧而被贬广州，在朝中做官的陈刚中主动与胡铨交好，这让秦桧恼怒不已，于是将他贬为知县。唐代诗人王维写过一首送别诗《送元二使安西》："渭城朝雨浥轻尘，客舍青青柳色新。劝君更尽一杯酒，西出阳关无故人。"情真意切，被广为传诵。但是王诗过于伤感，所以后人常有翻案之作，陈刚中这首即为其一例。此诗化悲愁为放达，把友情推广到普天之下，态度更加积极乐观，对前途充满了信心。

现实中，我们对家人、朋友、同事和陌生人的态度和情感可能是逐级递减的，而陈刚中将天下看作一个大家庭，提出了“四海皆兄弟”，这种人生境界值得我们体悟和深思。这句话常用于强调人与人之间应当主动建立情谊。

## 和以处众，宽以接下，恕以待人。

——宋·李邦献《省心杂言》



【大意】

与众人相处要和睦，对待下级要宽厚，对他人的过错要宽容。

【解读】

《省心杂言》是一部格言体文集，它全面周详地阐述了立身处世、处理家庭关系及人际关系的一系列准则，内容涉及为官、治国、治学、修身、养性等多个方面，反映了当时士大夫所倡导的道德理想。其中这一条是围绕人际关系提出的，体现了与人为善、待人宽和的思想，这也是一个人应当具备的素质和处世之道。

友善宽和是一个人融入社会的前提。在人际交往中和睦相处、宽以待人是一种人生智慧，它不仅可以让我们结识更多的朋友，还能使人时刻保持理性和冷静，避免与人发生冲突，从而减少相互之间的暴戾之气和言语伤害。这句话强调对待他人要保持和睦宽厚的态度。

## 人之为善，百善而不足。

——宋·杨万里《庸言》

【大意】

人们做好事，即使做上一百件也还是不算多。

【解读】

毛泽东同志有一句名言："一个人做点好事并不难，难的是一辈子做好事，不做坏事，一贯地有益于广大群众，一贯地有益于青年，一贯地有益于革命，艰苦奋斗几十年如一日，这才是最难最难的啊！"一个人即使做了很多很多好事，也还是没有理由骄傲，不应感到满足而裹足不前；但是，倘或一时糊涂做了一件坏事，就已经足够多了，决不可觉得少或危害小而再去做坏事。

涓涓细流汇聚，形成波涛汹涌的汪洋大海；滴滴春雨滋润，唤回茫茫大地春意盎然。在全面推进中国特色社会主义现代化建设的新的历史时期，这句名言对于人们弘扬友善精神，一心向善，坚持永远为人民多做好事，具有重要的激励作用。



## 人之初，性本善。

——《三字经》

【大意】

人类初生，本性向善。

【解读】

《三字经》是我国传统启蒙教材，据传为南宋学者王应麟所著，后经元明清历代增补，广为流传。该书内容丰富广泛，囊括中国传统文化中的文学、历史、哲学、天文、地理、人伦、义理等各方面知识。书的首句“人之初，性本善”已成为耳熟能详的古训。该句源自孟子的“性善论”思想，认为人生来本性向善，人的善心就像水总是由高处流向低处一样自然而然，之所以会有非善行的存在，完全是因为后天环境的侵蚀和影响所致。认识到人性本善这一特点，对人类的生存发展有着极大的帮助。

这句话充分肯定了人的自身价值，能够激发人们对理想道德的重视与追求。

## 朝廷大奸，不可不攻；朋友小过，不可不容。

——明·曹荩之《舌华录·名语》



【大意】

面对朝廷的大奸大恶，必须勇敢地揭露；面对朋友的小过错，一定要理解宽容。

【解读】

晚明曹荩之所著的《舌华录》在汇集春秋至明末士人隽语名言、逸闻趣事的基础上，通过截取人物言语或行为片段，表现出人物的精神风貌和性格特征。这段话是宋代理学家罗从彦的名言。对朝堂上的奸邪势力视而不见，或出于畏惧而不敢参劾，将导致奸佞乱国的严重后果；在生活中对友人吹毛求疵，则完全没有必要。古语有云：“人至察则无徒。”在这个层面的人际交往中，糊涂善忘反而是一种美德。

今人无论身份为何，在工作和生活中，都要树立鲜明的是非观。对于损害国家和人民利益的人和事要坚决揭发和抵制，而对

于家人、朋友、同事的小过错，则要做到理解和容忍，不必太过计较。这句话生动地诠释了坚守底线与宽容待人的关系。

## 大其心，容天下之物；虚其心，受天下之善。

——明·吕坤《呻吟语·内篇·修身》

【大意】

放宽心胸，容纳普天之下的一切事物；谦虚谨慎，接受普天之下的仁爱和友善。

【解读】

《呻吟语》是明代晚期学者吕坤积三十年心血写成的一部语录体小品文集。该书立足儒学，内容涉及治国修身、为人处世等诸多方面，反映出作者对社会、政治、世情的体验，和对真理的不懈探求。有人称这部作品："推堪人情物理，研辨内外公私，痛切之至，令人当下猛省。"这句话在一"大"一"虚"之间，体现出了做人的道理。

中国传统文化中强调的友善，是要每个人对他人、对社会、对整个自然界都要有一种仁爱之心。其中，人与人之间的友好主要表现在互相尊重、相互包容、谦虚而不矫揉造作上，这也是形成全社会平等友爱、融洽相处的和谐局面的前提。这句话常用来强调谦虚和包容是人们友好相处的前提。



## 腹中要有泾渭，然亦须气量含宏，不可太生拣择。

——清·申居郧《西岩赘语》

泾渭：泾水和渭水一清一浊，汇而不混。此处喻指人品的优劣高下、事物的是非真伪。　　含宏：包容博厚。

【大意】

要有坚定的原则性，是非清楚，爱憎分明，也要有善于容人的恢弘气量，对人不能过分苛责求全。

【解读】

坚守正义，是非分明，具有坚定的原则性，是做人的基本准则。但是凡事都不可走极端，如果不分青红皂白，大事小事一概绝对“坚定、分明”，事无巨细都锱铢必较，睚眦必报，那就没有不失败的。

英国谚语说“世上没有不生杂草的花园”，阿拉伯谚语说“美丽的月亮也长着满脸的雀斑”，中国古语说“金无足赤，人无完人”。对人不可过分苛责，否则，必有脱离群众甚或成为“孤家寡人”之虞。今天，人们可以用这句话抒发包容万物的博大胸怀。